La receta perfecta para el fracaso

Orlando Vega Avendaño

La receta perfecta para el fracaso

EDITORIAL
LETRA MINÚSCULA

Primera edición: noviembre de 2023
ISBN: 978-84-10059-80-1

Editado por Editorial Letra Minúscula
www.letraminuscula.com
contacto@letraminuscula.com

Dedico estas páginas a

Mis padres, cuya presencia siento cada día

Mi familia: Karla, Sofia y Maximiliano, mis pilares

Mis hermanos y compañeros de batallas, Ivan, Luis Felipe y Carlos Enrique

A Jaime mi colaborador, compañero y amigo

A Macu quien me ha apoyado en el proceso de conocerme

Con especial cariño y agradecimiento a Jaime y Francisco, por enriquecerlo y hacerlo posible

Un agradecimiento especial al creador de "Cracks Podcast" quien sin conocer personalmente me inspiro con sus entrevistas y reflexiones a comenzar este libro, gracias Oso Trava por ser fuente de inspiración para más personas de lo que imaginas

ÍNDICE

PRÓLOGO

Había una vez un hombre que se convirtió en sabio. Aprendió a dejar de hacer actos y pasos que no fueran útiles. Poco después lo encerraron.

Simone Weil

En el *Infierno* de *La Divina Comedia,* Dante Aligheri escribió este terceto que ha recorrido la legua y que le ha servido a muchos autores para exponer el tema que se proponen tratar:

Ustedes que tienen la mente sana
observen la doctrina que se esconde
bajo el velo de versos enigmáticos.

Pues bien, este es el epígrafe de uno de los libros más interesantes de los últimos años: *Programados para triunfar,* de la filósofa italiana Michela Marzano.[1] Y me sirve para abrir este pequeño tratado que no pretende algo más que mostrar los pasos a seguir para obtener un rotundo éxito en el fracaso.

¿Por qué? Porque "la doctrina que se esconde" en tantos y tantos libros que hablan del éxito (los "versos enigmáticos" de Dante), es una doctrina que bajo el velo de la necesidad de "realizarnos" en el ámbito laboral, en la vida profesional e, incluso, de "reinventarnos"

1 MARZANO, Michela. *Programados para triunfar. Nuevo capitalismo, gestión empresarial y vida privada.* Tusquets. Colección Ensayo número 85. México, 2011. 261 páginas.

cada día de la semana, si no es que cada hora del día, engendra un grave engaño.

Porque somos unos triunfadores natos. Lo único que tenemos que aprender es a triunfar. El fracaso no enseña nada: es una debilidad; es imposible si se siguen las reglas de quien escribe esos manuales que proliferan en los supermercados y en tiendas departamentales (¿alguna vez te has preguntado si esos "gurús" que usan toneladas de papel para hablar del éxito, son exitosos?).

Existen miles de libros que hablan de cómo lograr el éxito financiero, personal, social, empresarial o con los amigos. Casi todos tienen la misma metodología: "haz esto, no hagas lo otro, mira más allá, quítate de encima aquel peso, reacciona de manera tal que nadie conozca tus sentimientos", etcétera. El resumen de todos ellos (y los que se acumulen esta semana) es el mismo: basta que conozcas las recetas del éxito para que lo consigas sin despeinarte: querer es poder.

En cambio, no es común encontrar manuales que hablen ya no sobre cómo fracasar (¡eso no vende!), sino por qué fracasar. Yo conozco uno, muy bueno y muy divertido: *Las virtudes del fracaso*, del novelista y filósofo francés Charles Pépin. Pero no habla de lo que yo quiero hablar; esto es, de la receta perfecta (con todo y sus ingredientes) para lograr el fracaso.

Por cierto, el libro de Pépin ha tenido un resultado bastante paradójico al volverse un *best seller* mundial impresionante puesto que ha sido traducido a 12 lenguas, y en Francia lleva más de 50,000 ejemplares vendidos, lo cual nos da una visión de la importancia desdeñada del fracaso en nuestro tiempo y abre la necesidad de explorarlo más a fondo.[2]

Escribir sobre cómo lograr el éxito –supongo– ha de ser un poco más sencillo que escribir sobre la manera de llegar al fracaso perfecto; al fracaso para el cual se ha trabajado con empeño. En los libros que descubren las entrañas del éxito se parte de un sinfín de

2 PÉPIN, Charles. *Las virtudes del fracaso*. Ariel. México, 2018. 190 páginas.

metas que todos los varones y las mujeres de Occidente llevamos en nuestro ADN. Si bien Aristóteles decía que todos los hombres deseamos *saber*, en los últimos siglos, concretamente en el XX y el XXI, pareciera que hemos dado un vuelco a esa filosofía aristotélica y ahora mismo todos los hombres deseamos *triunfar*.

No importa para qué. Lo que importa es que nos *transformemos en líderes*.

Mostrar la cara inversa del éxito financiero, la felicidad programada y la plenitud que da el poderío, es un buen reto. Más aún cuando el título escogido suena a broma: la receta para obtener el fracaso perfecto parece tarea llevada a cabo por un autor (yo) ocioso y con ganas de divertirse a costillas del lector.

Desde luego, ganas de divertirme sí tengo (si no, no me hubiera tomado la molestia de investigar los recovecos del fracaso para construir una teoría inversa del éxito). Pero no soy un tipo ocioso. Mi objetivo no es encontrarle tres pies al gato, sino quitarle el *glamour* a los tratados sobre el éxito y exponer, en el transcurso de las siguientes páginas, lo que tenemos que aprender para fracasar.

Dije *aprender para fracasar* con toda intención: la mayoría de los hombres y mujeres desolados, rotos, adultos que deambulan sin orientación por la vida, no lo aprendieron. Ellos nos dan –involuntariamente, es cierto-- los ingredientes necesarios para *cocinar* la receta perfecta del fracaso.

El triunfo perfecto no existe, aunque nos lo quieran vender así. Pero, como aquella película en que todo iba de mal en peor, *La tormenta perfecta*, el fracaso perfecto sí existe. En el imaginario popular triunfar es mucho trabajo y fracasar es sinónimo de mala suerte, como si fracasar no implicara también un esfuerzo, una labor constante, como si no dependiera de una voluntad férrea y un empeño diario.

La definición que más me gusta del fracaso es "caída o ruina de algo con estrépito y rompimiento". Es una definición contundente, magistral. Va mucho más allá de una falla momentánea. Es un ruido que se prolonga en eco. Es una estrategia que se construye con la falta de análisis de la realidad, con el conformismo de no tener ganas de entender ni de aprender.

Por lo general los libros más taquilleros de crecimiento personal o de autoayuda dan una receta fácil y simplista sobre el método a seguir; enumeran los ingredientes necesarios para lograr el éxito. Sin embargo, pocos son los que dan la debida importancia al contenedor, al molde donde *cocinaremos* ese éxito.

Ese "contenedor" somos nosotros mismos; nuestro ser con todas sus implicaciones, con todas sus dudas, sus fuerzas, sus debilidades, sus correlaciones y sus soledades. En una palabra, el tamaño del éxito (o del fracaso) tiene que ver con las dimensiones del recipiente.[3] El error es la manera humana de aprender, y no todos los humanos queremos aprender. De eso va este libro. Ojalá mi noción de fracaso sea todo un éxito.

---

3 Es bueno recordar aquí el famoso principio de Arquímedes que afirma: «Un cuerpo total o parcialmente sumergido en un fluido en reposo experimenta un empuje vertical hacia arriba igual al peso del fluido desalojado». O lo que es lo mismo, el cuerpo introducido en el cubo de agua que somos nosotros, experimenta un empuje vertical (hacia el éxito o hacia el fracaso) del tamaño del esfuerzo que hayamos puesto en conseguirlo. Lo que demuestra que *el contenedor* es importante: si el cubo de agua es pequeño, el empuje vertical será pequeño. Si es grande, será grande.

CAPÍTULO 1

¿El huevo o la gallina?

La ambición es el último refugio del fracaso
Óscar Wilde

Lo primero que quiero decirte es que, en la medida de lo posible, me alejaré de las recetas mágicas, de los "productos milagro"que nos guían amablemente hacia lugares insospechados: cómo hacernos ricos de la noche a la mañana invirtiendo en bienes raíces, acciones, criptomonedas; cómo ser felices y tener muchos amigos; cómo ser empáticos, simpáticos, famosos, graciosos y atractivos.

Me alejaré de la cháchara sobre cómo influir en las personas, conseguir una pareja o ser un conquistador, un líder de esos que van por el mundo diciendo frases memorables aún cuando estén en la regadera y nadie los esté escuchando.

Esos manuales que surgen como esporas y que nos dan *pistas concretas* sobre la manera más rápida de vivir una vida de ensueño, como casi todas las que se anuncian en las redes sociales (donde, por cierto, nadie o casi nadie publica sus verdaderas tristezas y menos aún sus fracasos).

No se necesita ser monje y luego renunciar a todo (incluso a tu Ferrari); menos ser *el vendedor más grande del mundo*.

Tampoco se trata de descubrir los siete hábitos de la gente perfectamente fracasada (tal vez necesitemos menos para lograrlo), sino de abordar el tema de la forma más simple, resumida y eficiente posible, para que cuando termines el texto (si es que los terminas) tengas una fórmula ganadora de cómo lograr ser un perfecto fracasado... o tal vez no. ¿Quién sabe lo que puede lograr un libro?

Tal vez lo que quiero que encuentres es, en realidad, el camino al éxito, pero utilizando la psicología inversa; o que te identifiques y descubras el por qué de tu situación, buena o mala. ¡Tal vez entiendas al fin por qué, después de esas temporadas en qué todo te ha salido bien, un día se te va todo al carajo! O te des cuenta por qué después de una serie de malos tiempos, de ciertos problemas sentimentales, fracasos constantes en tus emprendimientos, todo comenzó a cambiar.

Seguramente te vas a identificar con aquellas actitudes, hábitos, costumbres y sentimientos que son recurrentes cuando todo se va al caño y –poco a poco– te ves inmerso en un cúmulo de problemas: deudas, fracasos sentimentales, problemas laborales, distanciamiento de tus amigos, de tu familia.

Tal vez al fin comprendas por qué esas personas otrora amables e interesadas en ti, ahora te dan la vuelta, tratan de evitarte cuidadosamente cuando las encuentras en una reunión, cruzan un par de palabras contigo y –de repente– les surgen unas ganas irrefrenables de ir al baño, o se disculpan para ir a saludar a alguien, recuerdan que dejaron sola a su pareja (como si eso realmente les importara).

El camino del perfecto fracasado es un camino que se realiza en soledad, a veces acompañado por otros que comparten su mediocridad y en la mayoría de los casos sus miedos. Como casi siempre sucede, antes de identificarse personalmente con cualquier ejemplo de fracasado que te presente, seguramente vas a identificar a alguien más en quien ves el reflejo de todas las características del fracasado perfecto.

Verás a ese amigo que todos tenemos; sí, al que le sacamos la vuelta como a una glorieta y procuramos algún pretexto para no coincidir ni invitarlo al evento del fin de semana. Ése que nos roba la energía, que nos habla de sus males sin parar: por qué lo dejó su pareja; por qué desertó de su último trabajo (no lo corrieron, él lo botó porque su jefe "era un explotador malhumorado" y ahora buscará un lugar donde valoren su esfuerzo y sus grandes conocimientos).

Lo raro (bueno, no tanto si lo analizamos a fondo) es que ninguna de ésas actitudes las encontramos jamás en nosotros mismos. Estoy seguro que tal es el secreto del por qué los libros que hablan de éxito no le sirven a la gran mayoría de las personas que los leen. En ellos se ven identificados casi en todo, incluso podrían hacer anotaciones y recomendaciones al margen. ¿Quién sabe la razón por la cual a ellos no les va bien si cumplen 120 de 100 puntos para el éxito? Tal vez no les ha llegado su momento.

Vamos a dejar un poco de lado el sarcasmo. Lo que te quiero presentar es la *receta perfecta* para el fracaso. Sin alarde podría decirte cuál es el camino que te lleva de forma segura y, en la mayoría de los casos, rápida a fallar en tu vida. No necesariamente debe asociarse con lo económico, pero seguramente se verá reflejado.

Hay aparentes excepciones engañosas de fracasados que logran éxito económico. No los juzgues antes de tiempo, recuerda que la vida es una carrera de resistencia, no de velocidad.

He tratado de estructurar y de no restarle importancia a la participación de los elementos principales como son el contenedor ideal para cocinar, los ingredientes y la mezcla ideal. Para no decepcionarte, te debo advertir (como dicen: *el que avisa no traiciona*), que no es un trabajo fácil lograr el fracaso perfecto. También, que no te prometo ser disruptivo.

Para que mejor me entiendas, este libro no se trata de "hábitos atómicos", tampoco de formar un "club de las 5 de la mañana" ni de lograr el fracaso haciendo que "todo te importe un carajo". Lo de "piense y hágase un fracasado", junto con esa "ley de la atracción", tal vez tenga un poco más que ver con lo que aquí analizaremos.

Para cocinar el fracaso perfecto se puede usar el fuego lento en una estufa tradicional o utilizar el horno de convección, incluso el de microondas, y tenerlo listo en un menor tiempo; aunque los mejores platos se cocinan con paciencia y consistencia. Es más fácil (no sé cuál sea la razón) que cocinar el éxito o que mantenerlo. Tal vez ahí se encuentre lo apasionante del tema.

¿Qué fue primero, el huevo o la gallina? En la historia, en las noticias, siempre nos cuentan de aquellos famosos que fracasaron antes de triunfar, como si fuese requisito indispensable fracasar para lograr el éxito.

Y en otro contexto menos trillado encontramos las historias de aquellos que después de un gran triunfo fracasaron y murieron olvidados y generalmente en la pobreza. Estas últimas narraciones se encuentran poco. ¿Sabes por qué? Porque a nadie le interesan.

¿Valdría la pena preguntarnos si esos grandes hombres y mujeres, realmente fracasaron *antes de lograr la grandeza*? ¿Realmente fracasa quién se logra levantar? ¿Se levantaron y luego cayeron o cayeron y luego se levantaron? ¿Se necesita estar ya en un sitio, arriba o abajo, para poder *caer*?

Hay un esquema muy sencillo que te presento como primer paso para ir entendiendo la materia:

Fracaso •————➤ Éxito
Cúmulo de errores corregidos

Aceptación: capacidad de análisis de las causas con la voluntad de volver a intentarlo una y otra vez, analizando y explorando nuevas formas de lograrlo. Los ingredientes principales de la aceptación son la fuerza de voluntad y el carácter combativo: no dejarse caer a la primera ni derrotarse como si fuera el final del partido (cuando apenas es el principio).

Llegamos a este mundo inacabados, no podemos valernos por nosotros mismos. El ser humano es el personaje de la naturaleza que nace más imperfecto. El chorlito, por ejemplo, es un pajarillo que desde que sale del huevo está completamente terminado. Por eso, a quien no cambia se le dice que tiene "cabeza de chorlito".

Pero en ese inacabamiento, comienza nuestra historia que consiste en construirnos día con día. No hay ningún instructivo ni una hoja de ruta.
Los errores se resumen en simples experimentos necesarios en la búsqueda de objetivos no conseguidos en primera instancia, pero dejando un aprendizaje que es necesario para obtener la maestría en conseguirlos.

Éxito •——→ Fracaso
Cúmulo de errores no corregidos

Éxito fortuito: Generalmente un éxito fácil, donde no caben la reflexión ni el aprendizaje ni la fortaleza de la voluntad, hace que el fracaso asome la cara. Entonces se le recibe con una negación absoluta. La causa no se analiza ni se comprende. Se *duerme* la esencia del ser (que es el discernimiento, la voluntad de tomar decisiones) y preferimos encontrar pretextos, echar culpas: es más cómodo y menos vergonzoso.

No tolerar o intentar huir del fracaso es portar una máscara, escurrir el bulto, querer engañarnos poniendo pies en polvorosa con respecto a la propia responsabilidad. Hay un concepto de libertad que consiste en ser capaces de fracasar y aprender; volver a intentar y fallar mil veces.
Somos seres perfectibles y obtener un triunfo que sabe a gloria y sin embargo es etéreo, debería hacernos buscar otras metas. Quedarnos en el triunfo evanescente (por ejemplo, el triunfo en una operación financiera, en una conquista personal, en la interacción con otra persona) es el camino más corto para un fracaso imperfecto.
Huir de los triunfos efímeros es afirmar nuestra esencia. Estacionarnos en ellos es negarnos a nosotros mismos.

Después de todo esto, me surgen las siguientes reflexiones que, en seguida, comparto contigo, para ir entrando en materia:

- *El éxito fácil adormece la esencia del ser*
- *Al fracaso se le tiene tanto miedo que pocas veces se le analiza*
- *El fracaso es tanto como evadir la vida, mientras que el éxito es enfrentarla*
- *Suerte: éxito que no procede de fracasos, un fenómeno de naturaleza temporal*

PARA PENSAR

Hay una sola cosa a la que le debemos temer: ¡el miedo! [4]

Si muriesen quienes no obtienen lo que desean, ¿quién viviría entonces en la tierra? [5]

Vivir es hacer: para quien no hace nada de su existencia, la existencia es nada [6]

La vida debe tener su corriente, el agua que no corre se corrompe [7]

---

4 **Michel Eyquem de Montaigne** (1533-1592) fue un filósofo, escritor, humanista y moralista francés del Renacimiento. Es el célebre autor autor de los *Ensayos* y creador de este género literario. Es uno de los grandes referentes del humanismo europeo, un ciudadano calificado y un ensayista que no dejó absolutamente nada en el tintero. Esta frase es un reflejo de su pensamiento profundo.

5 **Armand-Marie-Jacques de Chastenet, Marqués de Puységur** (1751-1825). Fue un aristócrata francés conocido como uno de los fundadores precientíficos de la hipnosis, lo que en su época se denominaba magnetismo animal o mesmerismo.

6 **Madame de Guizot** (1773-1827). Escritora y moralista francesa, reconocida por su postura liberal después de la Revolución Francesa. Fue tan fuerte su influencia en la Francia postrevolucionaria que el crítico Sainte-Beuve la describió como la mejor y más importante moralista desde Jean-Jacques Rousseau.

7 **Alphonse Marie Louis Prat de Lamartine** (1790-1869). Célebre escritor, poeta, historiador y político francés del período romántico que recorrió Europa durante la segunda mitad del siglo XIX. Fue, junto con Victor Hugo, Alfred de Musset y Alfred de Vigny, uno de los más destacados poetas del Romanticismo francés.

CAPÍTULO 2

Primer elemento, el fuego

Mereció brillar; lo evitó obstinadamente
Epitafio para un fracasado perfecto

1

A la mayoría de las personas les encanta escuchar historias; algunas les gusta contarlas. Son pocas a las que les gusta crearlas. Estas últimas personas son las dueñas del mundo, las generadoras de nuestras creencias. Y todas las historias poseen algo en común: tienen su origen alrededor del fuego.

Los seres humanos aprendimos a dominar el fuego hace 1.4 millones de años. Este hecho cambió el curso de la especie. Dimos un salto gigantesco. Tal vez sin el dominio del fuego, seguiríamos siendo un animal alineado a la vida silvestre.

Como el fuego proporciona luz y calor, fue esencial para que a través de él se fueran "cocinando" no solo los alimentos que hubiera sido imposible digerir sin cocción, sino también algo que se nos suele pasar de largo: perderle miedo a la oscuridad e inventar a su lado las mitologías ancestrales.

Con las historias convertidas en mitos nació la cultura: "Podemos considerar que *la invención* del dominio del fuego tuvo una importancia decisiva en nuestra evolución. Está incluida en nuestro genoma cultural",[8] en la caja de herramientas sobre las que seguimos operando después de cientos de miles de años.

"No hay nada nuevo bajo el sol", decía el libro del Eclesiástico. Casi podríamos decir, también, que no hay nada nuevo en nuestro comportamiento cultural. La evolución se ha dado en la técnica, pero en la relación con los demás, con nosotros mismos, podría decirse que aún llevamos la caverna encima (o dentro) de nosotros.

En fin, del fuego nacen los relatos y de los relatos nacen las historias y de las historias nacen los mitos, base de nuestra cultura y de nuestro sistema de creencias. En su conocida charla TED, que ha sido vista por más de tres millones de personas, la escritora nigeriana Chimamanda Ngozi Adiche terminó diciendo:

> *Las historias importan. Importan muchas historias. Las historias se han utilizado para desposeer y calumniar, pero también pueden utilizarse para facultar y humanizar. Pueden quebrar la dignidad de un pueblo, pero también pueden restaurarla.*[9]

Por su parte, el célebre antropólogo Claude Lévi-Strauss, después de estudiar los mitos en todas las culturas, llegó a la conclusión de que éstos "derivan de estructuras mentales comunes a toda la humanidad" y que la inteligencia de los seres humanos está preparada "para contar los mismos mitos".[10]

---

8 MARINA, José Antonio y RAMBAUD, Javier. *Biografía de la humanidad. Historia de la evolución de las culturas.* Ariel, Barcelona, 2018. P. 53. Los autores de este ensayo agregan: "No es de extrañar que en la mitología griega se atribuyera el origen de la cultura a Prometeo que robó el fuego a los dioses".

9 La versión impresa está en Literatura Random House bajo el título *El peligro de la historia única.* Es el peligro de las historias que se cuentan no para integrar, sino para mandar sobre las personas y sus mentes. Generalmente, son las historias que cuentan los "ganadores" en una guerra, en una elección, o en una familia.

10 MARINA, José Antonio y RAMBAUD, Javier. Ibidem

Digo, entonces, que el fuego es el primer elemento indirecto del fracaso perfecto puesto que se encuentra en el origen del sistema de creencias y percepciones que como individuos tenemos y a las que casi nunca ponemos en tela de juicio. No las cuestionamos: ¿por qué hacerlo si nuestros padres creían ya en ellas? ¿Para qué preguntarnos si los abuelos y los bisabuelos también las tenían por ciertas, acabadas, irrefutables?

Aquí vale la pena recordar al autor del *Psicoanálisis del fuego*, Gaston Bachelard, quien en su pequeño ensayo *La llama de una vela*, escribió algo fundamental para ejemplificar mi idea de que alrededor del fuego nacen las historias, y que alrededor de las historias nacen los relatos míticos: "Uno se duerme ante el fuego, pero no ante la llama de una vela".[11]

La vela nos hace soñar, nos impulsa hacia lo vertical, mientras que el fuego nos coloca en un estado límbico, por el cual puede entrar cualquier relato sin necesidad de ser puesto en entredicho.

Así, de las creencias que nos acompañan desde que nacemos en el seno de la cultura occidental y cristiana, resalto la de la culpa. Un sentimiento arraigado en nuestro interior que se "perfecciona" a lo largo de la existencia, al grado tal de que algunos de nosotros nos convertimos en *culpables profesionales*. A esta "conversión" le viene aparejada una técnica –también refinada– de *chantajistas profesionales*.

Es lo que Vladimir Jankélévitch llamó *la mala conciencia*, que se presenta a los seres humanos (cuando recuerdan el pasado, por ejemplo) en forma de "remordimiento".[12] Desde que llegamos al mundo

---

11 BACHELARD, Gaston. *La llama de una vela*. Universidad Autónoma de Puebla, 1975, P. 19

12 En su libro (Fondo de Cultura Económica, 1987), escribe: "El remordimiento nace de la mala acción tan naturalmente como la fiebre nace de un estado infeccioso; y sin embargo... el sentido común no se equivoca; el remordimiento nace expresamente para castigarnos; no resulta fatalmente del pecado, aunque esté íntimamente emparentado con él; sino que, por el contrario, añade algo nuevo, cierto sufrimiento gratuito, y tan contingente que los cristianos lo han considerado siempre como una advertencia del Espíritu Santo". (P. 39)

–nunca he entendido por qué– traemos impreso "el pecado original" en nuestras almas.

Y para que el remordimiento no falle, para que la mala conciencia siga labrando su camino en nuestras acciones, solamente tenemos que creer y confiar en el mito de la culpa primaria de Adan y Eva y la expulsión del paraíso. Nacemos con el pecado "porque nos lo merecemos"; somos "naturalezas caídas" e hijos de un Dios de la ira.

La factura se paga en parcialidades, esforzándonos para tratar de cumplir con los preceptos y fórmulas mágicas y así tener la oportunidad, si somos buenos, de reunirnos con el Creador. Sin embargo, a nuestros hijos les heredaremos la misma factura para comenzar el ciclo otra vez.

En fin, no quiero herir susceptibilidades de nadie, pero tampoco restarle importancia a este sentimiento que, sin duda, es un lastre que conduce por caminos oscuros a todos quienes tienen arraigado en lo más profundo de su ser la culpa. Tenerse por malos desde el inicio: merecedores de nada.

Esto modifica nuestra forma de percibir al mundo y a los demás. Y percepción no solo es "darse cuenta" de algo, sino que viene junto con el juicio, la interpretación y las formas de relacionarnos con los otros.

El sofista griego Protágoras de Abdera acuñó la frase "El hombre es la medida de todas las cosas". Este principio filosófico –según el cual el ser humano es la norma de lo que es verdad para sí mismo– hace que las percepciones que tengo de los demás y las que los demás tienen de mí, sean relativas al "cristal" con el que miramos. De la misma forma que juzgo, crítico y pienso de los demás, ellos me juzgan, me critican y piensan de mí.

Esto último da paso a la vergüenza: ese sentimiento que desde pequeños nos persigue, pegado siempre a todos los actos, pasiones, pensamientos y comportamientos que –a nuestro parecer– son impropios. Con la mirada de alguien externo, con la simple sospecha de que alguien nos ve o "sabe de nuestra culpa", nos sentimos indignos.

La vergüenza daña directamente la autoestima de las personas. En momentos importantes de nuestra vida, cuando podemos ir adelante con nuestros sueños, de pronto paramos: creemos que no somos merecedores de cosas buenas. Solo merecemos lo malo que hay en el mundo.

El psiquiatra escocés R. D. Laing, en su libro *Knots*[13], lo lleva al ámbito de las relaciones personales y dice:

No me aprecio a mí mismo.
No puedo apreciar a alguien que me aprecie.
Solo puedo apreciar al que no me aprecia

Aprecio a Jack,
porque no me aprecia.

Desprecio a Tom
porque no me desprecia.

Solo una persona despreciable
puede apreciar a alguien
tan despreciable como yo.

No puedo querer a nadie
a quien yo desprecie.

Como quiero a Jack
no puedo creer que él me quiera.

¿Cómo puede demostrarlo?[14]

---

13 En español *Nudos*

14 Cita en WATZLAWICK, Paul. *El arte de amargarse la vida*. Herder, 1992. PP. 109-110

Culpa y vergüenza son dos de los elementos principales con que está asfaltado el camino al fracaso. Por lo demás: ¿quién dice que el fracasado carece de metas? El objetivo principal del perfecto fracasado es evadir la culpa.

Que quede muy claro: no intenta destruirla, sino evadirla, darle la vuelta. No trata de crear un problema, sino de evitarlo, para que no se acabe. El modelo es el de aquel hombre que batía palmas cada diez segundos. Cuando uno le preguntó cuál era el motivo de su proceder tan curioso, el sujeto respondió:

--Para espantar a los elefantes.

--¿Elefantes? ¡Pero si aquí no hay elefantes!

--¿Ya ve usted?

El arte del fracaso es postergar el encuentro de una solución a los problemas, reales o ficticios. La mayoría de ellos, como el tipo que espantaba a los elefantes, absolutamente ilusorios, pero de una lógica contundente: en efecto, los elefantes desaparecían, pero volvían a aparecer cada diez segundos.

Se evade de muchas formas, a veces incluso intercambiando papeles, pasando de víctima a victimario, o haciéndose el salvador: "... el poder del pensamiento negativo casi no tiene fronteras, pues el que busca encuentra".[15]

El fracasado perfecto tiene que mantenerse en el camino mediante la culpa y la vergüenza. No debe preguntarse de dónde viene la culpa, por qué se origina la vergüenza o si hay alguna solución o algún remedio para –como dicen los cronistas deportivos cuando pierde su equipo favorito– "no morir de nada".

Algo más: la receta original del fracaso involucra la memoria. Acordarse constantemente de cuando éramos pequeños y nos regañaban por algo que hacíamos erróneamente, desde tirar la leche en

15 Ibid. P.114

el mantel de la mesa del comedor hasta negarle, con repugnancia, el beso a la tía que tenía una verruga.

Es *necesario* transportarse en el tiempo, *alimentarse* de la punzada en el estómago, del vacío característico de la angustia de haber hecho mal las cosas (las que *deberíamos* haber hecho con un rigor impropio de nuestra edad). En la ruta del fracaso, la historia única que traemos colgando por costumbre, nos susurra al oído: *tienes que persistir y no olvidar la culpa.*

Abandonar la lucha por lograr nuestro *éxito en el fracaso* nos hace correr el inmenso peligro de desviarnos del camino del perfecto fracaso (o del fracaso perfecto: aquí, como en muchas otras sentencias gramaticales, el orden de los factores no altera el producto).

Casi siempre el origen de nuestra culpa y de la vergüenza que la acompaña proviene de experiencias familiares: el divorcio de los padres; ese hermano o esa hermana que perdiste; el alcoholismo de tu papá, la depresión de tu mamá.

También, el haber sido *diferente* cuando te apartabas de los demás en la escuela para no hacer las cosas como la mayoría las hacían, especialmente haber caído en el horrible vicio de la lectura.

Recordar –y sentir las hormigas revoloteando en tu estómago– esos momentos en que te quedaste pasmado e imposibilitado para actuar; esas palabras que nunca salieron de tu boca; esas quejas y reproches que llevas dentro.

No olvidar (como si fuera ayer mismo) el juicio de tus maestros, de tus instructores de deportes, de aquella tía que no estaba de acuerdo con tu rebeldía, que, gracias a Dios, ya no habita en ti, que se ha sepultado junto con el montón de cosas que *pudieron* hacerte distinto y crearte una personalidad.

En su libro *Entre el mundo y yo*, la extensa carta que Ta-Heinsi Coates le escribe a su hijo para exponerle los problemas universales que va a tener que enfrentar (discriminación y desigualdad, principalmente) y para enseñarle cómo superarlos, le dice algo que la historia única, la del remordimiento, la culpa y la vergüenza, no suele contarnos: "Quiero que seas un ciudadano consciente de que este mundo es terrible y hermoso".[16] Generalmente nos quedamos con la primera parte: que este mundo es "terrible".

Y como yo soy (tú eres, él es) el origen y la medida de todas las cosas, soy (eres, es) el responsable de mi irresponsabilidad: el verdadero autor de la culpa que *debe acompañarme a lo largo de mi existencia.* Porque, seguramente, todos esos sucesos negativos de mi (tu, su) vida no fueron casualidad y de eso se debe alimentar el camino al fracaso.

Cuando por alguna razón insospechada sintamos que la felicidad toca a la puerta; cuando insospechadamente nos sintamos satisfechos y plenos, ¡procuremos, de inmediato, tener a la mano uno de estos recuerdos, no vaya a ser que nos olvidemos del camino al fracaso que elegimos o que nos hicieron elegir como la mejor opción para habitar el reino de este mundo!

¡De ninguna manera tratemos de solucionar o eliminar la culpa y la vergüenza de nuestra vida, ni intentemos aprender a vivir contando con la parte hermosa de ella! Hay que esforzarse, sin tregua, en sentirla en su profunda anarquía y luego evadirla. Imitemos (en esos momentos de plenitud) a Ta-Henisi Coates, pero en la parte en la que le cuenta a su hijo "que este mundo es terrible".

Es muy bueno contagiar a nuestros seres queridos de tanta verdad tan verdadera. Ellos, los que nos rodean, deben ser los primeros en la lista. Si tenemos hijos, ¿qué mejor herencia habría que dejarles la amargura? Es muy bueno hacerlos sentir –como quizá nos sentimos nosotros– que *no valemos la pena.*

Uno de los libros que tratan de este asunto tan raro es *El hombre superfluo* del escritor, traductor y editor búlgaro Ilija Trojanow. En el primer capítulo ("Podemos prescindir de usted") pregunta y responde:

> *¿Es usted superfluo? Por supuesto que no. ¿Y sus hijos? De ningún modo. ¿Y sus parientes, sus amigos? Lo sé, la pregunta es casi*

---

16 Seix Barral, 2016.

> *impertinente. Y para ser sincero, yo tampoco me siento superfluo. ¿Quién puede sentirse así? A lo sumo, en días muy malos. Sin embargo, es mucha la gente en este planeta considerada superflua desde la perspectiva de los economistas, organizaciones internacionales y élites globales.*
>
> *Quien no produce ni –lo que es peor--consume nada, no existe según los balances que predominan en las economías nacionales. Quien no tenga posesiones a las que pueda llamar "propiedades", no es un ciudadano de plena valía. "Aquí soy persona, aquí compro", reza la omnipresente publicidad de* dm, *la principal cadena de droguerías alemana. El acto de ser ha sido sustituido por el de consumir. O, dicho en otras palabras, en los términos del capitalismo tardío: las leyes del mercado marcan los límites de la libertad.*[17]

El fondo del problema no es –y así se desprende a lo largo del libro de Trojanow– que los economistas, las organizaciones internacionales y las élites globales lo piensen así; el verdadero problema es que la escuela, la familia y la sociedad en la que nos movemos, nos hagan creerlo así. Alimentados por esa historia, que los medios de comunicación no cesan de repetir, nos *volvemos superfluos*. Es otro camino que nos lleva al fracaso perfecto.

2

Por fortuna existen muchas fórmulas para evadir la responsabilidad personal y pavimentar, así, el camino hacia el fracaso. Cualquier vicio es bueno. El juego, el alcohol, la droga, el sexo desenfrenado, surten un efecto maravilloso para voltear la cara hacia otro lado y sentirnos víctimas de las circunstancias.

Pero no solamente son los vicios. Por ejemplo, la infidelidad es algo muy efectivo: si tienes una pareja, mejor busca por otro lado.

---

17 TROJANOW, Ilija. *El hombre superfluo*. Plataforma Editorial, 2018. PP 11-12

Siempre habrá alguien que "te llene", aunque no aparezca (porque lo que estás buscando es que nada te llene: te estás llenando de nada).

El trabajo sin descanso y sin otro objetivo que el trabajo mismo es otra opción. Buenísima opción: te da el pretexto adecuado para no pasar tiempo con tu familia. Ahora bien, si por una casualidad tienes un buen trabajo, no te preocupes, hay la alternativa de quejarte de tu familia, de tus hijos.

Decir que "por ellos" (ingratos) te estás matando en la oficina. No importa que no te lo hayan pedido alguna vez: tú estás para recordarlo a cada rato. Lo tuyo es reprochar a los más cercanos (a los que les importas) y dejar en claro que si no te pudiste *realizar*, el problema es de *ellos*. "La idea de que el mal son los otros impide a la humanidad tratar su propia barbarie interior", escribió el sociólogo francés Edgar Morin.[18]

Ser víctima y victimario no es una contradicción. Culpar y sentirse culpable van de la mano, aunque a veces no lo parezca. Sentirte mal y tratar de hacer sentir mal a los demás tiene el mismo origen. Por cierto, lo subrayo otra vez para que no se te olvide: funciona mejor con las personas cercanas.

No aceptar el fracaso y pasar factura al prójimo va de la mano. Desecha como si fuera veneno la frase de Cicerón: "Es mejor sufrir una injusticia que hacerla".[19] O, más bien, hazla al revés: "Es mejor hacer una injusticia que sufrirla".

Esto me recuerda la "Historia del hombre que buscaba un martillo":

> Un hombre quería colgar un cuadro en la pared de su casa, pero se dio cuenta de que le hacía falta un martillo y él no tenía ninguno. Entonces decidió pedírselo prestado a su vecino, cuya

---

18 MORIN, Edgar. *Cómo vivir en tiempos de crisis*. Nueva Visión, 2011. P. 65

19 La frase en latín es ACCIPERE QUAM FACERE PRAESTAT INURIAM. Fue repetida por Séneca y por San Agustín. En su texto *Frases Latinas*, Ángela María Zanoner apunta: "(La frase) tiene un profundo significado ético, pero puede utilizarse también para dar consuelo cuando se sufre una injusticia".

casa estaba un poco alejada de la suya. Mientras iba de camino a casa del vecino, nuestro hombre comenzó a darle vueltas a la cabeza, preguntándose si su vecino le prestaría la herramienta. *¿Será tan amable de dejarme su martillo? ¿Me hará el favor?*

Pero empezó también a creer que, al ir a su casa, podría molestar a su vecino: *Seguro que mi vecino está durmiendo la siesta y le despierto al llamar a su puerta; eso le molestará probablemente, así que saldrá de mala gana a abrirme. Me gritará: ¿Qué diablos quieres a estas horas? Bueno, entonces yo le diré: ¿Puedes prestarme tu martillo para colgar un cuadro? Y mi vecino me responderá con un* ***no*** *rotundo, como venganza por haberlo despertado de la siesta. Luego me gritará: ¿Para esa tontería vienes a molestarme?*

Entre tanto pensamiento, nuestro hombre había llegado ya caminando hasta la puerta del vecino; llamó al timbre. Su vecino le abre y nuestro hombre, sin dejarle mediar palabra le grita: "¿Sabes lo que te digo? ¡Que se vayan al infierno tú y tu maldito martillo!".

Es importante que el cristal con el que veamos la realidad logre colar solo los aspectos negativos: son fundamentales para no salir de la senda que lleva al fracaso. Por una ley de atracción, concentrarse en lo negativo atrae lo negativo. Aunque pierdas algunas oportunidades de quejarte y de encontrar el pelo en la sopa, esfuérzate para que no falten ocasiones en las que puedas echarle al de al lado un montón de reproches y de faltas. La queja es lo tuyo.

Además, enfocar nuestra atención en quejarnos y en mantener la vista puesta en el lado oscuro de la vida –enojo, frustración, tristeza, caos, desorden– propicia un estado de ánimo ideal para atraer todo tipo de enfermedades. Y como es una moda cada día más extendida, tienes a la mano el apoyo de una buena dosis de ansiolíticos, antidepresivos o cualquier paliativo para "superar" tus problemas y "mejorar tu calidad de vida".

El tema es que mantengas una voluntad férrea de no resolver ninguna de las dificultades que la vida te presente. En pocas palabras, tienes que buscar con quién quejarte de tu mala suerte; de tus padres o de tus hermanos; del amigo que te abandonó cuando le ibas a explicar, por décima ocasión, el daño que te hizo tu anterior pareja; la ingratitud del pariente que ya no te quiso prestar dinero y que, encima, te quiso cobrar (por eso es rico: por mezquino), etcétera.

Si acaso te das cuenta de que la carga insoportable que te dejaron tus padres, tu ex pareja, tu trabajo, ya está demasiado trillada, tranquilo: afortunadamente para ti hay suficientes alternativas. Explica a los cuatro vientos que tu mala salud es producto del empleo actual y que nada tiene que ver con tu sobrepeso ni con tus malos hábitos. ¿No es cierto que comes de más por puros nervios?

A lo mejor revisas tu presente y en algún recóndito lugar de tu conciencia –esa voz tan molesta– reconoces que no te ha ido tan mal como lo andas pregonando, además de los que ya hemos explorado, comparto una lista de temas de los que te puedes quejar amargamente (espero que te esfuerces y pienses en otros que no están en esta lista):

- Tus hermanos (de pequeño inhibieron tu creatividad)
- Tus maestros (no te enseñaron bien)
- Tu compañero de trabajo (se quedó con el puesto que querías)
- Tu orientación vocacional (la erraron contigo)
- Tu lugar de nacimiento (porque no naciste en Manhattan o en París)
- Tu primer amor (que te robó la esperanza)
- Tus antepasados (dilapidaron la fortuna de la familia en las cartas o en las cantinas)
- El banco (porque no te quiso dar un préstamo y se perdió la oportunidad de montar un buen negocio)
- El gobierno (vamos de mal en peor)
- El SAT (se cobran *a lo chino* y se roban los impuestos)
- La pandemia (nos quitó dos años y medio de progreso)
- El clima (cuando hace calor o frío, es extremoso)
- El vecino (tira la basura en mi patio, su perro no deja de ladrar)

¿Sabes cómo se llama el juego que tienes que jugar? El *juego de suma cero*. No es tan difícil como parece. Se trata de que en tus relaciones cotidianas no haya perdedor ni ganador. Se trata de que los dos pierdan. La guerra atómica –o cualquier guerra– es un ejemplo de este *juego*. Si a uno –sea de Rusia, de Estados Unidos, de Corea del Norte– se le ocurre apretar el botón rojo, él, los suyos y nosotros desaparecemos del mapa. ¡Ése es el ejemplo a seguir! Tener siempre a la mano el pretexto para apretar el botón rojo y hacer que los demás pierdan contigo.[20]

Si te paras un momento a reflexionar sobre las creencias que habitan en ti y que jamás te has cuestionado, seguramente te sorprendería el número de ellas. Cada día amanecemos dando por hecho decenas, centenas de mitos, historias heredadas, reglas no escritas o escritas sobre cómo debemos vivir correctamente, medir el tiempo, amar, ser exitosos.

También sobre lo que es correcto o incorrecto, funcional o disfuncional. Y más allá, también hay un montón de *mandatos* sobre lo que debemos sentir y cumplir para que lo que se espera de nosotros se haga realidad.

En muy pocos momentos hacemos un alto. El ritmo de la vida que asumimos –otra cosa que se nos impone– no permite la introspección. Pensamientos, ideas, valores y creencias se nos hacen "normales", se nos quedan, por así decirlo, en el inconsciente. ¿Los queremos seguir o los queremos cambiar?

Hay un proceso que yo llamo *reajustar la brújula*. Consiste en formarnos el hábito de hacer un espacio de tiempo y dedicarlo a nosotros mismos. Estar cómodos para poder reflexionar, meditar y observar al interior poniendo atención en nuestros sentimientos más profundos, buenos y malos, felices y tristes.

---

20 En *El arte de amargarse la vida*, que ya he citado, Watzlawick escribe: "Pero el caso contrario también es posible; esto es, el pensar que mediante la transigencia y disposición a hacer concesiones (que para jugadores de suma cero naturalmente serían *derrotas*) pueden producirse ventajas para todos los participantes" (P. 69)

Se trata de ir hacia adelante o derrotarnos; echarnos porras, sentirnos triunfadores o, por el contrario, auto humillarnos, sentirnos culpables, avergonzados, miedosos.

Tenemos que saber en qué se origina lo que somos, lo que sentimos. Tener buena información de lo que se anida en nuestra mente, en nuestro espíritu; qué detona la tristeza, la alegría; el impacto que tienen en nuestra fisiología, desde nuestra expresión, postura, sensaciones físicas, tono de voz, mirada, etcétera. Y con este ejercicio de autocontrol, centrar la atención en lo que es bueno y dejar pasar lo que nos hace mal. En palabras de Marco Aurelio: "La felicidad de tu vida depende de la calidad de tus pensamientos".

Desde luego, no es un ejercicio simple y que funcione a la primera. Sin embargo, con la práctica se consigue aflojar la tensión, cambiar la cara, la mirada, ver las cosas desde otro punto de vista y, sobre todo, reconocer el estado en que estamos a cada momento.

Sin esta conciencia es imposible realizar un cambio real; un ejercicio de perdón con aquella persona quien originó en nosotros esos sentimientos negativos que nos acompañan muchas veces desde una edad muy temprana. También puede permitir generar un perdón a nosotros mismos por las auto humillaciones, por la falta de fe en lo que somos, con fallas, errores, fracasos.

No hay culpabilidad en nuestras acciones, solo existe, si acaso, en nuestras intenciones cuando estas no son nobles. No tenemos que perdonarnos por fallar. Esto sería tan absurdo como pedir una disculpa por existir.

Déjame, a continuación, darte unas pistas sobre cómo debemos ir posicionando nuestros pasos para desviarnos del camino que conduce hacia el fracaso perfecto:

- *Reajustar la brújula consiste en darnos un espacio y tratar de explorar nuestro interior*
- *Solamente reajustando la brújula podemos volver la vista hacia afuera y observar al mundo sin juzgarlo*

- *Cuestionarse el por qué de las cosas cambia la perspectiva y aleja de nosotros los prejuicios*
- *Es el paso más importante para desarrollar nuestro ser humano en su totalidad* [21]

PARA PENSAR

Una vida ociosa es una muerte anticipada [22]

La crítica es fácil, el arte es difícil [23]

Los tontos hablan del pasado, los sabios del presente y los locos del porvenir [24]

La profunda ignorancia inspira el tono dogmático [25]

---

21 Al final del capítulo 3 encontrarás este ejercicio de manera más enfocada y simple

22 **Johann Wolfgang von Goethe** (1749-1832). Es quizá el más importante dramaturgo, novelista, poeta y sabio naturalista alemán de la época conocida como el Romanticismo. Su novela Fausto es su obra más conocida y origen de muchas traducciones al cine y al teatro. Fue el principal miembro del movimiento *Sturm und Drang*

23 **Nicolás Boileau- Despréaux** (1636-1711). Poeta y crítico francés. El rey Luis XIV le nombró, junto con Jean Racine, historiógrafo real en 1676 y en 1684 ingresó en la Academia Francesa. Sus "Satiras" en las que retrataba la vida parisina, fueron, durante el siglo del "Rey sol" tremendas cuchilladas en contra de la hipocresía de su tiempo.

24 **Napoleón Bonaparte (1769-1821)** Primer Cónsul y Emperador de Francia (1799-1804 y 1804-1814), rigió los destinos de Europa durante más de quince años. Se le conoce como un genio militar y un estadista. Fue amado y odiado en Francia y en todo el viejo continente. Comandó campañas bélicas muy exitosas, aunque con ciertas derrotas igual de estrepitosas. Murió en el exilio, en la isla de Santa Elena.

25 **Jean de La Bruyère** (1645-1696). Filósofo, escritor y moralista francés, destacado por su sátira. La Bruyère se hizo célebre con una sola obra: Les Caracteres ou les Moeurs de ce siècle (Los caracteres o las costumbres de este siglo), una crónica esencial del espíritu del siglo XVII en Francia.

CAPÍTULO 3

El recipiente: el ser

La experiencia es un sabio hecho a trompicones
Ramón de Campoamor

1

Aunque no solemos darnos cuenta, somos como un contenedor de nuestras creencias. De cada quien dependerá cuestionarlas, entenderlas, aceptarlas, rechazarlas o enfrentarlas. Solo cuando nos confrontemos con ellas, podremos convertirnos en una persona, construimos una personalidad.

Desde que el hombre trató de organizarse y construir un lenguaje, comenzó a contar historias. Como ya hemos visto en capítulos anteriores, esas historias se convirtieron en mitos. Hoy mismo muchos de esos mitos constituyen nuestra realidad. Muchos dependen del lugar donde vivimos, pero otros tantos son universales.

Normas morales o procedimientos legales son aceptadas y, en gran cantidad de ocasiones, ni siquiera discutidas. Son los elementos formativos de nuestra organización social, familiar, institucional, económica y, a veces, política.

Son esas creencias heredadas con las que conducen al rebaño las instituciones políticas, económicas, religiosas y sociales. Cada generación tiene algunos cambios: lo que hoy se tolera mañana no es tolerado y viceversa. Lo que hoy divierte mañana ofende, y lo que antes era un gran delito, incluso un pecado, hoy es la moda. Es lo que rige a cada momento. ¡Y, ay, de aquél que lo ponga en tela de juicio! Será calificado de cínico, anarquista, antisocial y fuera de contexto.

Pues bien, todas esas creencias, esos mitos, son los que rigen en buena medida nuestra conciencia. Aquello que calificamos como bueno o malo, como feo o hermoso, como útil o inútil. "No son los males violentos los que nos marcan, sino los males sordos, los insistentes, los tolerables, aquellos que forman parte de nuestra rutina y nos minan meticulosamente como el tiempo", dejó escrito el rumano Emil Cioran. Dicho con crudeza –la crudeza propia de Cioran—las creencias atávicas funcionan como motores silenciosos de decisiones y acciones.

Es imprescindible no olvidar que, por nuestra parte animal, tenemos necesidades. También pasiones y como seres pensantes tenemos ambiciones, gustos. Las creencias que dan origen a muchas de nuestras reglas están diseñadas para contener esas necesidades, pasiones, gustos y ambiciones.

La mayor parte de las instituciones se han encargado de establecer lo que debe ser tolerado, aplaudido y repudiado, perseguido y castigado. ¿Es producto de nuestros antecesores? Sí, a condición de tener en cuenta que, antes de ellos, sus propios antecesores han ido perfeccionando las reglas que inconscientemente nos rigen y nos conducen en temas morales, religiosos, de comportamiento social, de elección de pareja y mil cosas más.

Lo curioso es que siendo parte fundamental de nuestra vida, las más de las veces no objetamos su cumplimiento ni nos esforzamos en comprender esas fuerzas ocultas que habitan en el interior de cada uno. ¿Por pereza? Así lo piensa el filósofo español Carlos Díaz: "El ocioso-perezoso, ignorando que el hoy es el discípulo del ayer, solo sabe decir *mañana, después, más tarde*".[26]

---

26 DÍAZ, Carlos. *Del yo desventurado al nosotros radiante*. Fundación Emanuel Mounier, 2008. P. 60

Nos convertimos en una especie de artistas de la postergación y preferimos no visitar nuestro interior donde viven un sinfín de fantasmas arraigados en el pasado.

Séneca, en una de sus cartas a Lucilo, dice algo a propósito de la vejez, que bien puede aplicarse a toda nuestra vida –claro, si decidimos que no queremos vivir como zombies–: "está llena de alegría si se sabe utilizar".[27] El verdadero problema es que vivimos sin pensar las cosas y consideramos –por ejemplo– la vejez como un fracaso cuando es un triunfo verdadero. Y así otras realidades de la vida.

En los temas morales y religiosos se propone un comportamiento hacia los otros y hacia nosotros mismos. Hay que decirlo con claridad: desde pequeños nos educaron para hacernos sentir mal si no cumplimos una serie de preceptos en nuestro comportamiento cotidiano.

Son reglas y leyes a las que llamamos derecho natural o bien que derivan de Dios o de los dioses y que tienen una gran relevancia pues forman parte de nuestra conciencia: ese juez que –a veces– es el juez más duro, vengador, torturador, inquisitivo y sanguinario que podamos conocer.

La creencias y mitos que decides aceptar son las que rigen tu vida: son tus demonios íntimos, voces susurrantes que transfieren desde tiempos inmemoriales reglas religiosas, normas morales que hacen crecer culpas y vergüenzas: todo lo que tienes en tu interior y todo lo que ves y aceptas recibir del exterior.

Y de aquí deriva lo que escojas ser, desde adentro. Sí: ese descontrol de carácter, no negarte nada a ti mismo, el dicho de que "lo merezco todo", la libertad pero sin responsabilidad, el victimizarte, quejarte y poner pretextos: todas las etiquetas que has *sentido convenientes* y hasta te las has llegado a creer como parte de tu personalidad, de una gran personalidad, que es una fachada que esconde, a la manera de los magos, varios conejos (complejos) dentro de la chistera.

---

27 Cfr. SCHMID, Wilhelm. *Sosiego. El arte de envejecer*. Kairós, 2014. P. 46

Desde muy pequeños nos preparan y nos forman para ser ganadores. Los padres nos ayudan en ese camino con la idea que no seamos unos "fracasados". Nos educan para entender el fracaso como una puerta que se cierra, como una falta solamente imputable a nuestra maldad. Nos dan todo. Y si no tienen tiempo, nos llenan de objetos materiales sin que, por nuestra parte, haya ningún esfuerzo en obtenerlos. Crecemos "merecedores" del triunfo que está en nuestra estirpe.

Y aquí surgen dos supuestos:

a) **El adulto al que le mataron la ambición y, sin embargo, piensa que todo lo merece**

El típico amigo pobre y delicado; perdedor profesional. Ese que todo critica. Todo le parece poco, pero en la cartera no trae ni el billete de denominación más baja.

Ese que se junta con los ricos y vive de sus migajas a cambio de su sumisión y que cree que ellos le resolverán la vida. Lo educaron sus padres mandándolo a buenas escuelas para que conviva con gente de nivel económico superior, pensando que le hacían un bien. *¿Acaso no es importantísimo que tenga amigos con recursos?* El padre hizo todo su esfuerzo para pagar la colegiatura de la escuela, aunque representaba una tercera parte del presupuesto de la familia.

Pero no le enseñó otros valores importantes y no se dio cuenta que, llegado el momento, iba a ser insostenible esa farsa y que su hijo iba a tener que someterse o ser humillado. Padre fracasado hijo fracasado, es la conclusión.

b) **El adulto que viene de una familia económicamente rica pero que de igual forma no sabe hacer nada**

Me viene un amigo a la mente. Un amigo que conocí desde pequeño. Él no sabía que era rico. Asistimos a la misma escuela de hombres donde había gente de todas las clases sociales. Era un tiempo donde las diferencias no eran muy claras hasta que, llegado el momento de entrar a preparatoria, se comenzaba a

> ver la diferencia de a quien le prestaban el coche. Importaba la clase y el modelo, por supuesto.
> Asistíamos a una prepa mixta y nos tratábamos de lucir con nuestras compañeras con lo que cada uno tenía: ser gracioso, tener ingenio, físico o dinero. En el mejor de los casos, varias de estas –supuestas– cualidades. Aquí, mi amigo descubrió que lo que tenía era dinero. Este le dio amistades, popularidad y novia. También un hijo a los 18 años. Peregrinación entre escuelas. No terminar la carrera ni nada por el estilo. Varios accidentes de auto. Vicios y otras cosas más.
> Una mala relación con un padre ausente que solo le dio dinero y que, muchos años después, lo sigue manteniendo. Seguramente en otros más lo va a heredar. Lo ayudó, con talento digno de mejores causas, a ser también el fracasado perfecto. Hijo de un exitoso hombre de negocios que fracasó perfectamente como padre.

La moraleja es que al final de cuentas un fracasado es muy posible que ayude a criar a otro fracasado. Ojo: no estoy asegurando que si tus progenitores son unos fracasados tengas el camino llano para ser un fracasado perfecto. Tienes que trabajar duro para ello.

Como mi amigo, no creas que llegar a donde llegó le fue fácil. Tuvo que renunciar a ser dedicado en el estudio. Renunció a toda responsabilidad. Se dejó llevar por el impulso sexual. Trabajo duro para irse de parranda muchos días a la semana. Se las ingenió para reprobar las materias y lograr que su dinero no valiera en las escuelas y lo dejaran fuera una y otra vez. Como ves, no es fácil el camino del fracaso perfecto. Es necesario perseverar.

Mi amigo nunca cedió a las depresiones ni al vacío existencial que produce naturalmente la vida del fracaso, y que a muchos los hace reflexionar y cambiar el rumbo. Por el contrario, luchó de manera valiente, perfeccionó su sistema dependiendo de sus padres cada vez más, quitándose de una vez por todas la responsabilidad que conlleva la libertad verdadera.

Como él, para seguir en la senda que desemboca en el fracaso, debes rendirte día a día. No cuestionar mucho. Tomar todos los riesgos que puedas: de preferencia de manera irracional y absurda. Jamás pensar en las consecuencias de tus actos. Para ti no funcionan esas ideas de que los actos tienen consecuencias. Tampoco que el conocimiento de los límites –no la imposición de los límites– es sinónimo de libertad.

Este es el camino correcto. Te preguntarás, ¿cómo saber si vas bien? La respuesta tiene muchas variantes, a veces todas son parte de la misma causa:

- Debes sentir tu amor propio devaluado
- Tu falta de valores debe tener varias justificaciones en las que has trabajado arduamente
- Debes tener varios pretextos. Entre más pretextos, más avanzado estarás en este trayecto
- Debes quejarte. La culpa siempre la tiene alguien más. Aunque el sentimiento intocable sea tuyo
- El lamento aunado a la crítica del mundo *es lo tuyo*
- Debes decirle a todo el mundo que no hay esperanza, que el ser humano es una bestia mala y que seres como tú son los únicos que se dan cuenta de eso
- Tus conocimientos bastarían para cambiar la historia
- Debes clamar a los cuatro vientos lo desperdiciado que has sido por tu mujer, por tus hijos, por tus amigos, por tus trabajadores o por tu patrón, etcétera

Con este bagaje de sentimientos, te echas a dormir. Y vuelves a amanecer. Y has ido perdiendo tus mejores años. Pero no te da la gana darte cuenta de esa pérdida. No importa tu condición de soltero o casado. Cada mañana comienza el ciclo y tú has trabajado, con ardor y entereza, para perder el tiempo.

Entonces es cuando duermes y vuelve a amanecer y has perdido tus mejores años. Puedes ser soltero o infelizmente casado. Pero todo comienza nuevamente cada mañana. Si de entrada amaneces cada día con el hastío característico de quien no disfruta, sino más bien sufre la vida, creo que eres un pupilo avanzado del fracaso perfecto, o estás a muy poco de llegar serlo.

Tal vez el paso siguiente sea la evasión. Sí, creo que la evasión es lo que necesitas para acelerar el paso: odiar tu vida también ayuda, pero siempre sin reaccionar. Esto es importante. Nunca debe asaltarte la duda ni racionalizar otra opción. Debes dejarte ir.

Sentir culpa. Tener pretextos. Justificarlos –aquí es donde la culpa se reparte y las quejas salen a flote–. Recuperar los traumas de tu niñez, cargar la responsabilidad a tus padres. Aquel profesor visionario que decretó que eras un perdedor nato y claro: ¿cómo lo ibas a decepcionar? Trabajaste duro para darle la razón.

Todo es válido para superar los vacíos y permitir el paso a la evasión de las constantes depresiones, de los sentimientos de inferioridad que te embargan y te podrían obligar a dar el paso de cambiar el rumbo. Pero valientemente eliges la evasión a través del exceso. Un proceso repetitivo que se estructura, más o menos. así:

CULPA o VERGÜENZA – QUEJA – PRETEXTO – JUSTIFICACIÓN – VALIDACIÓN – EVASIÓN = FRACASO PERFECTO

Es la percepción que tenemos de nosotros mismos y del mundo, cruel con todos y seguramente culpable de nuestra suerte. Porque se trata de suerte, ¿no? Miedo, ira, tristeza, ansiedad, envidia, celos, apego, codependencia, adicciones, baja autoestima. Coctel explosivo con el que fundamentar las mismas actitudes y los mismos resabios.

¿Conoces el poema de León Felipe, *¡Qué pena!* [28]? Te lo comparto, porque refleja, con crudeza y realismo, el andar por las mismas sendas:

¡Qué pena si este camino fuera de muchísimas leguas
y siempre se repitieran

28 CAMINO, León Felipe. *Antología Rota*. Editorial Losada, 1998. P. 26

los mismos pueblos, las mismas ventas,
los mismos rebaños, las mismas recuas!

¡Qué pena si esta vida nuestra tuviera
—esta vida nuestra—
mil años de existencia!
¿Quién la haría hasta el fin llevadera?
¿Quién la soportaría toda sin protesta?
¿Quién lee diez siglos en la Historia y no la cierra
al ver las mismas cosas siempre con distinta fecha?
Los mismos hombres, las mismas guerras,
los mismos tiranos, las mismas cadenas,
los mismos farsantes, las mismas sectas
¡y los mismos, los mismos poetas!

¡Qué pena,
que sea así todo siempre, siempre de la misma manera!

2

Voy a contar ahora la historia más curiosa que te puedas imaginar. De no ser el **Señor Fracaso** el que la cuenta –y a quien conozco perfectamente bien– igual no la creerías.

Déjame, por principio de decencia, decirte que el **Señor Fracaso** ha vivido conmigo desde hace un par de años. Cada una de las derrotas que ha enfrentado lo han llevado a escribir este libro. El **Señor Fracaso** (ya lo habrás adivinado) soy yo.

Esta es mi historia personal de los últimos años.

No me voy a remontar hasta la cuna. Eso a nadie le interesa. Mejor avancemos: la historia que les quiero contar empieza pasados los cuarenta. Es a partir de aquí –a la "mitad de la vida"– cuando los días comienzan a contar, uno tras otro, aunque en nuestra percepción interna nos sintamos como de veinte.

Yo me hacía el siguiente promedio: si mi madre vivió 62 y mi padre 95, mi expectativa de vida estaría situada alrededor de los 78.5 años. O más, siendo optimista: tipo entre 80 y 85. Y de repente, esta perspectiva de futuro, como un acicate, me hizo echar la vista atrás; me hizo desgranar y diseccionar cada kilómetro recorrido: las experiencias vividas y los años invertidos en lo que denominamos de manera imperfecta *trabajo*.

Por instinto, lo primero que hice fue dar un vistazo a las metas que había, según yo, cumplido. Y fue en ese momento, de golpe, que irrumpieron ante mí, desfilando, las metas no cumplidas: los "mañana lo haré", los "ya voy a comenzar".

Mi lista de juventud y de buenos deseos estaba llena de agujeros, que yo había tapado con la esperanza de una larga vida como la de mi padre. Nada aliviaba mi desazón. Me dí cuenta que ya no eran "tan" joven, que había perdido tiempo en "irla pasando", que ya empezaban las canas a poblarme el pelo y que me cansaba con facilidad.

De repente decidí cambiar; retomar la pasión de mi vida; poner en orden mis pensamientos. Había que dejar a un lado lo que me incomodaba, empezando con perder menos tiempo en las personas y en las situaciones que no eran valiosas para mí. Algo importante: llamar a las cosas por su nombre; superar la vergüenza; perdonarme (y entender) la culpa que me mantenía atado. Luego, decidí analizar cada día que iba viviendo, mis logros y fracasos, así como lo que me llevó a unos y otros.

No era fácil, pero valía la pena. La figura de mi padre –con quien no coincidía en casi nada– se me volvió importante. Consejos suyos que había desechado antes, ahora los valoraba en su justa medida. Ideas concretas, capacidad de escuchar, de salir de ti. Es la madurez. Después de cumplir los cuarenta empecé a ver la vida de una manera diferente a como la había visto hasta entonces. Como en la pubertad, mi cuerpo, mis ideas, mi mundo habían cambiado.

Por principio de cuentas, me sentí viejo, un poco cansado y ciertamente fastidiado. Al filo de los cuarenta estaba comenzando varios proyectos en mi negocio. Es verdad que de los veinte a los cuarenta había hecho lo que se puede decir un buen trabajo. Llegué a los cuarenta con solidez financiera. Para mí, el éxito siempre era mensurable a partir del éxito económico-financiero. Mi interés está puesto en los negocios y a ellos he dedicado toda mi atención.

En un momento dado, me introduje en negocios poco conocidos. Tenía idea de ellos, sí, pero no por un análisis racional, sino por algo de idealismo y mucho de ego. A partir de eso, las cosas se torcieron. Escogimos mal al socio en dos proyectos de vivienda: uno completamente mío (en cuestión económica y de responsabilidad) y otro en el que era socio en una parte importante del negocio.

Al mismo tiempo comencé otros dos proyectos, también inmobiliarios: un pequeño parque industrial en una ciudad cercana a donde vivo y otro, un hotel en otra ciudad cercana y con vocación turística de alta gama. Total, cuatro proyectos de un solo tirón. Siete años más tarde, te puedo contar lo siguiente:

- El primer proyecto de vivienda: un fracaso rotundo en cuestión comercial
- El segundo proyecto de vivienda: estoy tratando de rescatar lo que sea posible, siguiendo una estrategia absolutamente desgastante para poder salir lo mejor librados posible
- En cuanto al hotel: después de muchas dificultades, hace poco comenzamos las operaciones, con un año de retraso, problemas en la operación y una fuerte presión financiera
- Con el parque industrial: aunque la venta camina con lentitud, en general saldremos bien librados; la única deuda en cuestión se cubrirá en unos meses más

Creo, sin temor a equivocarme, que me he ganado a pulso el mote del **Señor Fracaso**. Ahora bien, te voy a contar cuál es el análisis que he hecho de esta aventura.

El proyecto número uno era un proyecto propio. Tenía un terreno para hacer un edificio de departamentos. El proyecto era muy *sacrificado* por lo accidentado del terreno. Sin embargo, conseguimos los permisos necesarios pero escogimos un mal socio. Un constructor que carecía de dos cosas fundamentales: ética y músculo económico. Combinación letal. A las primeras de cambio tomó dinero y lo desvió para otros fines. Comenzamos la construcción sin validar el mercado y, por lo tanto, el negocio –financieramente– no era viable. Tarde me di cuenta del desfalco.

Y aquí sigue el número dos. Este mismo constructor lo hicimos parte, al mismo tiempo, de otro proyecto de vivienda vertical del que soy el socio principal. Compramos un terreno con buenas características urbanas. El proyecto era viable, pero con el tiempo descubrimos sus errores y los del primer proyecto. Este es un pequeño listado:

a) Una buena parte de las unidades de vivienda del número dos eran muy grandes y, por lo tanto, tenían un costo fuera de mercado.
b) Siguiendo la misma práctica del proyecto número uno, en el número dos hubo que hacerle frente a los desvíos de dinero del mismo constructor sin ética y económicamente flojo.
c) Hacer frente a dos proyectos complicados es un pasaporte al abismo. Más aún cuando al primero lo enfrenté solo y con el segundo conté solo con el apoyo de un socio y buen amigo.
d) La ayuda profesional que conseguimos no fue la más adecuada y no hicimos –en ambos proyectos– un verdadero recuento de los daños ni un análisis concreto de la realidad para poner fecha de término y entrega.
e) Las negociaciones con los bancos involucrados en el financiamiento no fueron las más adecuadas, aunque siguieron caminando.
f) En lo personal tuve que detener la construcción de mi casa ¡que había comenzado al mismo tiempo!: tardé tres años en poderla concluir –con la repercusión familiar que eso implica–.
g) Por lo demás, tuve que vender algunas propiedades productivas para poder invertir los recursos necesarios y terminar lo que había empezado.

Toma un respiro, porque voy a contarte la experiencia del hotel.

Para mí, la vocación del hotel era clara: hotel de una cadena reconocida y a un precio accesible. En la ciudad en cuestión no existía ese producto. Ahí solamente encuentras hoteles de alta gama, con precios similares a los de Nueva York. O bien, *hoteles boutique* en los que no hay nada garantizado, no son económicos y se alejan mucho de ser una buena opción, ya por viejos, ya por su mala calidad en el servicio, etcétera.

Fue el principio de una buena idea. Teníamos un terreno que, sin estar situado en el centro de la ciudad, era viable. Acto seguido, nos hicimos de la franquicia de una gran cadena hotelera internacional para hacer un hotel de negocios y turismo. Y le apostamos, en segundo renglón, al turismo de bodas, en auge en la ubicación.

Con el proyecto cerrado, presupuesto incompleto y crédito bancario aprobado, comenzamos a construir el hotel. Los primeros meses fueron de un avance rápido. Íbamos muy bien hasta que salió una oportunidad: comprar el terreno de atrás. Nos venía *de perlas*. Con este terreno tendríamos un jardín de fiestas bastante más grande y con él, pegarle más duro al negocio de las bodas.

La compra de este terreno fue el punto de quiebre. Aquí fue donde –como se suele decir coloquialmente– "cambiamos de caballo a la mitad del río".

Hablamos con el franquiciador y le pedimos, sin demasiada reflexión o análisis, que nos hiciera un cambio: un *upgrade* de la marca. Algo más *chic* y que se alejara de la categoría de *hoteles de negocios* y quedara como una buena oferta para que la gente nos escogiera para sus fiestas, eventos, bodas, celebraciones, aniversarios.

Regresamos el nuevo caballo a la orilla. ¿O llegamos a la otra orilla montados en una silla diferente? No lo sé. Lo que sí te puedo platicar fue que decidimos cambiar la composición del hotel, decoración y acabados arquitectónicos.

Como suele suceder en estos casos –un tanto para cubrirnos las espaldas por la decisión tomada– contratamos a un reconocido despacho de arquitectos de talla internacional con un diseñador de primer nivel. Incluimos una intervención artística y le pusimos todos los *gadgets* necesarios para que el hotel alcanzara a satisfacer una clientela de la cual no teníamos más que un ideal (no una idea bien cimentada).

Ya te imaginarás: el presupuesto se nos fue a un poquito más del doble. Por supuesto, no se nos ocurrió consultar con el banco el cambio de estrategia, sorprendiéndolo con el cambio de proyecto y sobre todo con el cambio de rumbo financiero. Sin un presupuesto cerrado, sujetos a los tiempos del banco –que no son precisamente ágiles–, teniendo que otorgar más garantías y sufriendo con cambio en la tasa de interés, la cosa se fue complicando.

Para el banco, nuestro salto al hotel más *chic* representó tomarlo con los dedos en la puerta. Agregamos un riesgo innecesario y la corrida financiera tuvo un impacto negativo, por el costo del dinero en el tiempo. ¿Resultado? Más de un año de retraso; desgaste en la relación con los proveedores y contratistas por los flujos y por los pagos; reducción personal en la participación y varias otras cosas más que no vienen a cuento.

Tómate otro respiro, porque viene todavía el tema del parque industrial. Para no cansarte, lo voy a resumir (tomando en cuenta que, de mis aventuras, es la que, probablemente, va mejor):

a) Nos asociamos con unos constructores serios pero sin experiencia en el tema de desarrollo. Para nuestra fortuna, ellos hicieron toda la inversión.
b) Escogimos un fiduciario muy lento; el trabajo legal también ha ido a cuenta gotas; y en general los tiempos se han estirado más de lo deseable.
c) Hemos tenido errores en el modelo administrativo y un desplazamiento lento del producto.
d) Creo que nuestro éxito fue no tener un banco de por medio, porque si lo hubiera habido ¡estoy seguro que estaríamos también bastante mal parados!

Una vez referidos los contratiempos de estos dos últimos años, mi conclusión fue que me podrían apodar **Señor Fracaso.**

3

Sortear problemas, enfrentar compromisos, adquirir deudas, vender bienes productivos para tratar de solucionar malos negocios en los que "sin querer" terminé más que involucrado, me hicieron pensar que si alguien podía escribir –y describir– con conocimiento de causa la receta perfecta para el fracaso, ese alguien soy yo.

Pero lo que me parece más impresionante es que si ahora mismo me preguntas si me siento un fracasado, la verdad es que no. Tengo más días buenos que malos. Los problemas no han desaparecido porque yo los echara a un lado palmoteando cada diez minutos (¿te acuerdas del cuento del tipo que "espantaba" a los elefantes?). Lo que sí ha cambiado es mi actitud ante ellos.

- Superé la culpa propia y la ajena
- No tengo ya sentimientos de vergüenza
- Evito evadir los problemas mediante el método más sencillo de todos: haciéndoles frente
- Me he vuelto asertivo
- Ya no pierdo tiempo (cuando menos no tanto tiempo) con el enojo y la ira
- Cuando me sobreviene el enojo, lo oriento hasta convertirlo en el coraje necesario para tener éxito en cualquier empresa
- Lo que perdí ya no es una obsesión recuperarlo; pongo mi empeño en lo que pueda ser rescatable
- Tengo el diagnóstico del por qué fallaron estos cuatro proyectos
- Tengo claridad de que no debo soltar el control de los proyectos y que cuando necesite apoyo profesional, debo buscar el más adecuado

En una palabra, debo cuidar el tiempo que, en este negocio en el que he decidido continuar, representa el recurso más valioso. ¿Dije *continuar*? Pues sí, en efecto, lo dije. Porque una de las virtudes de reconocer el fracaso es que te quita el miedo de tener éxito. Y yo voy a tener éxito en este negocio de la construcción, ¡aunque tenga que fracasar cien veces más!

Cuando hago el recuento de los errores cometidos, las "malas lenguas" que habitan en mí me recitan al oído la vieja historia del "borrón y cuenta nueva".

Para evitar las vergüenzas del caso, lo mejor sería abandonar el negocio y emprender nuevos vuelos. Cambiar de aires, reinventarme, darme coba mediante la comprensión de mis defectos, echarle la culpa a mi asociado, a los bancos, a la pandemia que se vino a juntar para la creación de la "tormenta perfecta" de la que he sido una víctima más ("no estás solo, no estás solo").

Esa vocecita interior, producto del "¿qué dirán?", me alecciona a odiar este negocio, incluso a odiar mi vida. Sin embargo, y esto es muy importante cuando menos para mí, yo no tengo el contenedor correcto para la receta perfecta del fracaso.

Mi ser, mi contenedor, es más grande (o más chico, según se vea) para que en él quepan todas esas historias de temor, miedo, ira, vergüenza, irresponsabilidad, victimismo y culpabilidad que se amalgaman cuando uno ha fracasado y se siente derrotado por el perverso mundo que le rodea.

¿Es posible estar orgulloso de los fracasos que uno ha ido teniendo a lo largo de los años? ¿Se pueden aceptar y no negarlos o hacer parecer que nunca han ocurrido? ¿Se pueden, incluso, presumir?

Debo decirte que gracias a mis fracasos hoy más que nunca me siento preparado para hacer de nuevo lo que venía haciendo, pero con una receta diferente. Esa receta trae consigo un conocimiento que nunca hubiera tenido sin haber fracasado. Incluso estoy seguro de que si me hubiera salido todo bien, no sería por mérito propio, sino por *suerte*. No tendría nada de malo y si me dieran a escoger ¡con gusto lo tomaría!

Sin embargo –aunque no ha sido fácil– hoy estoy agradecido de cada uno de mis fracasos y de mis problemas. Mi crecimiento ha sido exponencial. Estoy cursando una maestría en finanzas a mis 47 años. Tengo muchas cosas que agradecer:

- Tengo un par de socios excepcionales que han aguantado las buenas y las muy malas sin enojos ni culpas
- Tengo amigos que me han apoyado de manera incondicional a salir de cada bache en el que me he atorado
- Tengo salud, que es el don más valioso con el que podemos contar
- Tengo una familia increíble que no ha hecho más que apoyarme en todo este tiempo de incertidumbre
- Tengo muchos años productivos por delante haciendo algo que para mí más que trabajo es un gusto

Finalmente, me he dado cuenta que es más importante disfrutar el camino que llegar a una meta; soltar y dejarse llevar en vez de resistirse. Solamente si pudiera pedir algo, tal vez lo único que me gustaría es haber fracasado más temprano.

Seguramente tú conoces el dicho: "Mientras hay vida, hay esperanza". ¡Claro que sí! Mientras haya oportunidad de vivir habrá oportunidad de cambiar. No te agobies por seguir fallando. El fracaso es lo que nos hace perfectibles. Si, por el contrario, fuéramos perfectos, ¿cuál sería el objetivo de vivir? Cambia esos mitos heredados, esos que no te hacen bien. Crea tus propias historias, tus propias creencias, inventa nuevos caminos, porque son igual de válidos que los de los demás, ¡solo que estos te harán crecer!

- *Debes superar la culpa, tanto la propia como la ajena*
- *Cuidar los tiempos es la parte medular del control que puedas tener en un negocio, en una empresa, en cualquier proyecto que emprendas*
- *Puedes, si quieres, presumir tus fracasos: es la mejor forma de volverte humilde y saber empezar con otra receta*

- *Hacer un recuento de lo que no se tiene es muy fácil; hacer un recuento de lo que sí se tiene es romper el círculo vicioso de la desesperanza.*

PARA PENSAR

El verdadero sabio salva su vida en el momento de perderla [29]

Las dificultades están hechas para estimular y no para quitar ánimo. El espíritu humano debe fortalecerse en la lucha [30]

Dos cosas instruyen al hombre sobre su naturaleza: el instinto y la experiencia [31]

Debemos consolarnos de nuestras faltas cuando tenemos el valor de reconocerlas [32]

---

29 **Epicteto** (55-135) Filósofo griego de la escuela estoica que vivió parte de su vida como esclavo en Roma. No dejó obra escrita, pero de sus enseñanzas se conservan escritos recopilados por su discípulo Flavio Arriano, así como algunos fragmentos dispersos.

30 **Chaning William Ellery** (1780-1842). Líder y ministro estadounidense de la Iglesia unitaria de Federal Street en Boston, Massachusetts y principal portavoz de los pastores unitaristas frente a los puritanos de Nueva Inglaterra.

31 **Pascal, Blaise** (1623. 1662). Matemático, físico, filósofo, teólogo católico y apologista francés. Sus contribuciones a la matemática y a la historia natural incluyen el diseño y construcción de calculadoras mecánicas, aportes a la teoría de la probabilidad, investigaciones sobre los fluidos y la aclaración de conceptos tales como la presión y el vacío. Después de un trastorno depresivo y una experiencia religiosa profunda en 1654, Pascal se dedicó también a la filosofía y a la teología.

32 **La Rochefoucauld, Francisco (1613-1680).** Escritor, aristócrata, político, militar, poeta y filósofo francés conocido por sus *Máximas*. Fue considerado un ejemplo del noble consumado del siglo XVI. Hasta 1650 ostentó el título de Príncipe de Marcillac. Su bisabuelo Francisco, III conde de La Rochefoucauld, murió en la masacre del día de San Bartolomé por ser hugonote.

CAPÍTULO 4
Ingredientes y lobos

Todo el que se coloque ante la existencia en una actitud seria y se haga de ella plenamente responsable sentirá cierto género de inseguridad que le incita a permanecer alerta.
José Ortega y Gasset

1

Investigando para escribir este libro, me encontré con esta frase:

Cuida tus pensamientos porque se volverán palabras. Cuida tus palabras porque se volverán actos. Cuida tus actos porque se volverán hábitos. Cuida tus hábitos porque forjarán tu carácter. Cuida tu carácter porque formará tu destino. Y tú destino será tu vida.

Es una frase de un hombre que hizo historia, Mahatma Gandhi, justamente por el cuidado que puso durante su vida en los tres ingredientes que yo considero que son básicos para la receta del fracaso (o para evitar cocinarla): las percepciones, las emociones y los sentimientos.

Aunque es posible encontrar estos ingredientes en todos lados, sobre todo se encuentran en el interior de cada uno de nosotros.

¿Conoces el *kimchi*? Es el platillo tradicional de la comida coreana. Está hecho a base de una preparación fermentada, que tiene como ingrediente básico la col asiática. También existen otras recetas en las que se utilizan ingredientes como rábanos o pepinos, que son acompañados comúnmente de pimiento o chile rojo molido, ajos, cebollas u otras combinaciones, que cambian en las diferentes zonas geográficas de Corea.

¿Por qué lo traigo a colación? Porque el *kimchi* se prepara con verduras fermentadas y, como todas las fermentaciones, las verduras se descomponen a partir de microorganismos, dando lugar a una nueva sustancia orgánica con un sabor generalmente ácido.

Y eso sucede con los ingredientes de la receta perfecta para el fracaso. Percepciones, emociones y sentimientos son parte de nuestro ser. Si dejamos que se "fermenten" (ligándose a la culpa, la vergüenza, al influjo de lo externo) nos convertimos, al paso de los años, en otra "sustancia".

Llegados a este punto, vamos a detenernos un momento para hacer algo de filosofía. Según un pensador de los siglos V y VI d.c., el latino Severino Boecio, autor del famoso libro *La consolación de la filosofía,* la persona (tú, yo) es una "sustancia individual de naturaleza racional".

Esto significa que cada uno de nosotros es un ser individual, singular, y que nuestros actos no responden a instintos, sino a procesos racionales que deberían irse perfeccionando conforme vamos creciendo y madurando.

Pero a veces sucede que ese proceso de maduración de nuestra sustancia individual se va "fermentando"; se va convirtiendo en un ingrediente esencial para fracasar en lo que se emprenda. Y la naturaleza de nuestros actos –cuando eso sucede– deja de ser "racional" para convertirse en reactiva.

Es claro que dicha sustancia "fermentada" se consigue con mucha paciencia y a través del tiempo. Nos esforzamos por ligar las emociones que vamos experimentando a través de la vida con sentimientos negativos. Trabajamos para ligarlas a momentos específicos, como si de un separador de libros se tratara. Y así, nos volvemos capaces de regresar a la misma página dañina una y otra vez.

Como sé que ya te habrás dado cuenta, el principal ingrediente del fracaso eres tú mismo. Tú eres tu principal oponente. En la cultura occidental las religiones nos hacen esperar un premio o un castigo, dependiendo de nuestras buenas o malas obras. En la vida social sucede algo parecido con las leyes.

Éstas últimas dependen de cada cultura y están escritas. A ellas se agregan las leyes no escritas (el granito de arena que aportan nuestros padres, maestros, amigos, enemigos y, en general, todas las personas que están cerca de nuestra formación en las diferentes edades de la vida).

Tales leyes son la interpretación que vamos haciendo de las emociones que sentimos y de las formas en que decidimos tomar las cosas y juzgarnos. Igual que en el *kimchi*, el resultado es producto de una fermentación orgánica, es decir está viva. Es nuestra creación y a la vez es nuestro libre albedrío: es lo más poderoso con lo que cuenta el ser humano.

Es la creación de dos *yos* internos, poderosos. Uno más que el otro, porque es el que decidimos alimentar, al que decidimos hacerle caso. En alusión a la religión cristiana, uno es como si de un ángel de la guarda se tratara. Nos da consejos de triunfo, de aliento, de seguir el camino correcto. También de dominarnos, de moderarnos, de esforzarnos, de no abandonar el camino del esfuerzo.

Por el otro lado, está ese ser que también engendramos y alimentamos y que como si de características de raza se tratara, tiene tendencia a desarrollar sus músculos de manera más sencilla. A este le llamaremos nuestro oponente,

Aquel yo que nos aconseja abandonar, posponer, tomar la satisfacción inmediata, ir por el camino del placer desenfrenado, el camino del exceso (el elemento indispensable para poder llamarle vicio).

Ese oponente temible y al mismo tiempo en apariencia agradable, también nos aconseja. Pero nos aconseja ver la vida a través de un cristal donde somos víctimas de las circunstancias. Un cristal oscuro mediante el cual culpamos a los otros de nuestros excesos; un filtro potentísimo que deforma la realidad y nos da herramientas para obtener justificaciones encubriendo las malas acciones.

Si detectamos una voz que nos aconseja justificarnos, esa es la clave de que vamos firmes en el camino hacia el fracaso. Si cada que realizas una acción debes poner pretextos o inventar culpables: vas por el camino correcto al fracaso, porque las acciones que nuestro Ángel nos recomienda no necesitan ser justificadas.

Voy a presentar las dos versiones de una historia atribuída a la sabiduría de los cheroquis, que habitaban el territorio actual de los estados de Alabama, Georgia, Kentucky, Carolina del Norte, Carolina del Sur, Tennessee y Virginia en el sudeste de los Estados Unidos cuando los europeos contactaron con ellos en el siglo XVI. Con posterioridad, la mayoría de los cheroquis fue forzada a trasladarse a la meseta Ozark, en Oklahoma.

·Eran uno de los pueblos que se agrupaban en las llamadas "Cinco Tribus Civilizadas", un término que fue aplicado por los estadounidenses de origen europeo en el periodo colonial y federal temprano de la historia de Estados Unidos a las cinco principales naciones originarias del sureste: cheroqui, los chickasaw, los choctaw, los creek y los seminola.

Sus relatos han sido recogidos como parte de la sabiduría ancestral de los pueblos de América. La verdad es que muchos de ellos representan una idea de fondo no solamente de la naturaleza, de la que vivían en continua convivencia, sino del corazón y de la psicología de los seres humanos.

LOS DOS LOBOS / VERSIÓN 1

Un joven se acercó a su abuelo lleno de rabia porque otro joven había cometido una injusticia contra él.

El viejo le dijo a su nieto: "Déjame contarte una historia. Yo también algunas veces he sentido un gran desprecio por aquellos que me han quitado tanto, sin tener ningún remordimiento por lo que han hecho. Pero el odio te afecta a ti y no a tu enemigo. Odiar es como tomar un veneno y desearle a tu enemigo la muerte. Yo he pasado por esos sentimientos muchas veces.

"Es como si hubiera dos lobos dentro de mí; un lobo es bueno y no hiere a nadie. Él vive en armonía con todo su alrededor y no se ofende cuando no ha habido ofensas. Él solo peleará cuando sea preciso hacerlo y además lo hará de manera correcta. Pero el otro lobo está lleno de rabia. La situación más pequeña le cambiará su temperamento.

"Él pelea con todo el mundo, todo el tiempo, sin ninguna razón. No puede pensar porque su rabia y su odio son mucho más grandes. Es una rabia sin sentido, porque esa rabia no produce ningún cambio. Algunas veces es duro vivir con estos dos lobos dentro de mí, porque ambos lobos tratan de dominar mi espíritu".

El nieto miró atentamente a los ojos de su abuelo y le preguntó:
--Abuelo, ¿cuál lobo ganará?
El abuelo sonrió y dijo:
--Aquel a quien yo alimente.

LOS DOS LOBOS / VERSIÓN 2

Cuentan que un día, un padre vio a su hijo angustiado, desesperanzado, y sin preguntar el por qué le quiso contar una historia.

"Yoki, alguna vez mi padre me contó que en nuestro interior habitan dos lobos; uno de ellos es de pelo negro, con ojos como de fuego. Éste es el guardián que contiene nuestros

sentimientos más oscuros, en él se alberga el miedo, la envidia, la ira, la pena, el remordimiento, la avaricia, la arrogancia, la autocompasión, la procrastinación y el ego.

"El otro lobo es de color claro, con ojos grises y apacibles. Contiene nuestros sentimientos más nobles: el amor, la alegría, la confianza, la esperanza, la paz, la humildad, la serenidad, la empatía, la verdad y la compasión. Todo el tiempo están peleando uno con otro, pasan día y noche luchando".

--Padre, ¿cuál de los dos gana? ¿Cuál es el más poderoso?, preguntó Yoki.

--La lucha nunca acaba. No te puedo decir quién gana, eso lo decidimos cada uno; gana en cada batalla aquel al que tú decides alimentar.

Dicho esto, dejó a su hijo reflexionando para decidir quién estaba ganando en su interior.

2

En su libro *El miedo al fracaso*,[33] el psicólogo francés Jacques Sarano explica que son cuatro los factores que "entran en juego" en lo que él llama "el doble significado del fracaso":

a) lo que sueño,
b) lo que espero,
c) lo que realizo ante mis ojos,
d) lo que realizo ante los ojos de los otros.[34]

---

33 SARANO, Jacques. *El miedo al fracaso*. Sociedad de Educación Atenas. Salamanca (España), 1977

34 Ibid., p. 47. La cita entrecomillada de Sarano se refiere a Antoine Augustin Cournot, un matemático y economista francés conocido por sus estudios sobre la oferta y la demanda, tanto en condiciones de competencia como de monopolio.

Y añade:

Ante una meta bien concreta: el éxito ratifica la puntería, para quien da en el blanco; el fracaso para quien falla. Si tengo en cuenta sólo los criterios objetivos el fracaso no afecta al sujeto en su valor ni en su propia existencia. El fracaso es un fracaso, incluso una etapa en el camino del éxito. Todo lo más cabe decir que la repetición insólita de fracasos da qué pensar. "Cuando el azar hace fracasar una empresa constantemente, es quizá la mejor prueba de que no fracasa por azar" (Cournot).[35]

Sin embargo, es casi obvio que esta visión "objetiva" no la poseemos casi nunca. Nuestro nivel de aceptación del fracaso (que es el que determina el miedo a fracasar) siempre pertenece a un "ideal del yo" que, a su vez, está colgado a lo que "me dicen" que tengo que soñar, esperar y realizar. Y a lo que yo veo de mí en los ojos de los demás.

Generalmente, las malas decisiones que tomamos en la vida van ligadas a un sentimiento de duda y de miedo. Tienen que ver con el tema que elegimos; es decir, si actuamos y dominamos estos sentimientos, o, simplemente, nos dejamos dominar y decidimos acogernos a la inactividad, paralizarnos y comprometernos con la decisión fácil, evasiva o forzada.

Es cierto que se nos ha impuesto a todos los seres humanos, en todos los ámbitos de la existencia, una lucha, un "match" que tenemos que jugar: en el trabajo, en la vida cotidiana, en el amor, en la educación, incluso en los placeres.

Esa lucha obsesiva –dice Sarano en su libro– es entre el afán de "ganar" y el miedo a "perder". Perder es fracasar. Y eso es parte del miedo contemporáneo. Pero: ¿qué significa fracasar? ¿Es "menos"

35 Ibidem

persona la que fracasa que la que, supuestamente, "gana el partido"; le atina al precio y se lleva el premio gordo?

Objetivamente, no. Pero ¿subjetivamente? Es ahí, en nuestro ser íntimo, plagado de historias que nos cuentan y que "debemos" seguir, donde las cosas no cuadran. ¿Sabes por qué no cuadran? Porque –y no me voy a disfrazar de psicólogo– no sabemos darle un sentido a nuestra vida.

Bebemos del sentido de la vida que los otros quieren para nosotros. De lo que esperan los demás de mí, y de lo que yo pienso que los demás esperan de mí. A ello nos sujetamos y, a veces, de ello vivimos.

Muy pocas veces tenemos la seguridad con la que responde el sujeto de esta historia popular, que tiene mucho fondo:

> *A un pobre en harapos que bosteza como un lagarto al sol sentado en una banca del malecón, un rico naviero en Córcega le dice:*
> *--Estás sin hacer nada: vente a trabajar en mis barcos. Ganarás dinero. Así podrás comprarte también un barco, pescar y vender pescado, y enriquecerte. Habiendo triunfado en la vida, podrás descansar...*
> *A lo que el pobre le responde, mirando plácidamente el mar lejano:*
> *--Señor mío, ¿no es precisamente lo que tengo la suerte de estar haciendo ya?*

La idea que quiero subrayar es muy sencilla y te la hago en base a una sola pregunta: ¿cuál es el sentido de tú vida? Para el rico naviero la decisión tomada fue que la pesca es una fuente de riqueza y que él se define no por el ejercicio pesquero, sino por las rentas que le proporciona.

Mientras tanto, el pobre en harapos ha decidido que la vida es algo más que acumular dinero y barcos de pesca. Quiere pasar –eso intuimos– los años que le quedan, haciendo lo que el rico poseedor de barcos no puede hacer ni por asomo: descansar.

¿Cuál de los dos siguió el mejor camino? La respuesta es compleja (como todo lo que vale la pena en nuestra existencia). Y yo diría que depende –y mucho– de si el miedo o la duda fueron –o no– ingredientes de la decisión tomada por uno y por el otro.

En muchas ocasiones, con la decisión tomada –mal tomada–, vuelven a surgir las dudas. El miedo nos asalta. Algo nos alerta en nuestro interior. Te digo la verdad: si esto es así, vas al fracaso y lo vas a ir descubriendo.

Estas decisiones mal tomadas traen implicaciones a mediano plazo. Es la clásica sociedad de nogocios que comienza de una forma en la que no te sientes cómodo pero crees (o imaginas) que va a componerse sola. Qué pena: ¿de dónde se te ocurre que puede salir correctamente algo que comenzó chueco?

Es muy raro que esto suceda. Tan raro como ganarte la lotería. Aquí no funciona el dicho popular de que "andando el carrito se acomodan los tomates".

El ejemplo más común tiene que ver con la elección de pareja. La mujer que se casa con el perdedor, flojo de profesión, afecto generalmente a los excesos de alcohol, etcétera, pero ¡que cree que lo va a hacer cambiar!

Lo que se debería preguntar es qué es lo que tiene adentro tan echado a perder, su *Kimchi*, como para escoger ser víctima y salvadora al mismo tiempo. A ese grado de devaluación personal no se llega de la noche a la mañana. Aquí se remarca que el fracaso también requiere de esfuerzo.

UNA HISTORIA QUE CONOZCO

Me viene el recuerdo de alguien muy cercano. Yo era un niño cuando ella andaba por los veintes. Veía como en su casa la trataban siempre con esa humillación constante por ser "tan bruta" y romper siempre algo.

Tenía un carácter agrio, agresivo. Tendía al llanto y a la depresión. Era una ferviente creyente en su poca valía. Su amor propio estaba cercano al punto de la inanición. Leía constantemente novelas baratas, historias de amor que tenían un fin trágico. Lo mismo sucedía con las películas a las que le gustaba asistir, películas asociadas con la víctima. Eso se notaba en sus parejas: personas a las que les rogaba un poco de atención y cariño, tal vez la necesidad de decir: "tengo algo"; un esfuerzo frustrado de demostrar valor como el toro en la plaza que da un último esfuerzo antes del descabello.

Le conocí parejas diferentes, todas con el común denominador de la patanería, de los excesos y del disfrute de la humillación constante. Nunca un esfuerzo, un regalo, un gesto de amor o de cariño hacia ella. Un día se casó. Por supuesto, la relación no comenzó bien: trabas, obstinación (de su parte), apatía (de su esposo, inconstante en sus trabajos, buscando siempre afuera otro tipo de relaciones).

De parte de ella, un esfuerzo patético en que no se notaran los defectos de su relación, trabajo excesivo para compensar la economía, dos hijos, más problemas económicos, abandonos frecuentes de su esposo por temas siempre de "trabajo"... Herencia perfecta para los hijos, testigos de la pérdida de la primera casa por falta de pago, engaños descarados, etcétera. El hijo, ya adulto, ahora con problemas muy graves de adicción, de sociabilidad... Se trata –claro– de una receta perfecta para encadenar otro fracaso. Y continuar la cadena.

En su libro *El fracaso*,[36] el filósofo personalista Jean Lacroix hace esta extensa cita del psicólogo Robaye que esclarece desde el punto de vista de la psicología lo que implica el equilibrio (o el desequilibrio) entre el ideal del yo (nivel de aspiración) y la imagen del yo (nivel de expectación).

Tal vez te parezca un poco elevada la cita, pero fíjate muy bien en ella: contiene los ingredientes fundamentales de una toma de decisiones en la vida de cada uno de nosotros que puede conducirnos hacia

36 LACROIX, Jean. *El fracaso*. Nova Terra. Barcelona, 1967

el éxito o hacia el fracaso (aunque nunca, repito, nunca debemos caer en el determinismo del "yo soy así, y ni modo"):

> *El niño educado con espíritu tolerante y que evoluciona hacia una maduración equilibrada tendrá un nivel de expectación elevado y un nivel de aspiración moderado. El niño excesivamente protegido, amado pero mantenido a la vez en una clara situación de dependencia , tendrá un nivel de expectación bajo y un nivel de aspiración moderado. El niño educado con rigidez, amado solo condicionalmente dentro de un marco fijo de castigos y recompensas, tendrá un nivel de expectación elevado y un nivel de aspiración así mismo elevado. El niño precoz y caprichosamente frustrado tendrá un nivel de expectación bajo y un nivel de aspiración elevado, a menudo inalcanzable.*[37]

¿Cuántas personas no conocemos que tienen un equilibrio (nunca perfecto, desde luego) entre su ideal del yo y su imagen del yo? ¿Cuántas personas nos rodean que tienen –como el niño precoz y caprichosamente frustrado– una imagen del yo muy baja y un ideal del yo altísimo, que casi nunca alcanzan a colmarlo y, por tanto, se acomodan al fracaso?

En fin, todo esto tiene mucho que ver con las historias con las que nos topamos cotidianamente. La "suerte" no juega mucho en este esquema de éxito o fracaso. Juega más la determinación a vencer el miedo y la capacidad de crear un camino en el cual el fin bueno se persigue (el éxito) y el fin malo (el fracaso) se tolera. Y en gran cantidad de ocasiones –como veremos más adelante– hay fracasos exitosos.

Antes de pasar a otro capítulo, hablando justamente de fracasos exitosos, me parece muy pertinente recordar el modo de enfrentar una ruptura (un fracaso, si lo quieres ver así) que los artesanos japoneses llaman el *kintsugi,* sin duda un arte maravilloso y una metáfora que bien podría servir de moraleja a las caídas que, irremediablemente,

37 LACROIX, Jean. Op. Cit., p. 47

tendremos en nuestras vidas. La narración corresponde a Irene Vallejo, la autora del best-seller mundial *El infinito en un junco*:

> *"Cuando una cerámica se rompe, los artesanos del kintsugi insertan polvo de oro en cada grieta, subrayando la parte por donde se quebró. Las fracturas y su reparación quedan expuestas en vez de ocultas, y pasan a ocupar un lugar central en la historia del objeto. Poner de manifiesto esa memoria lo ennoblece. Aquello que ha sufrido daños y sobrevivido puede considerarse entonces más valioso, más bello".*

Imaginemos, así sea por un momento, que contrariamente a lo que nos dicen y nos cuentan en la infancia, la adolescencia, la juventud y en nuestra vida profesional y relacional, la fractura puede ser el principio de un camino diferente y más cercano a nuestro modo de ser y de sentir la vida. Por eso:

- *Dejar a la suerte el éxito en una empresa es la ruta más conocida hacia el fracaso de esa empresa*
- *Aquel que cree que "se merece todo", está diciendo a los cuatro vientos que su ego es superior a su boca*
- *Nadie puede dudar que el fracaso requiere un esfuerzo constante y una alimentación rica en echarle la culpa a los demás*
- *Si tomas una decisión, no la tomes con miedo: hay que desterrarlo del interior de nosotros mismos; hay que hacerlo a un lado: es el padre de los errores y de los pretextos*

PARA PENSAR

Tener faltas y no corregirlas, es el verdadero error[38]

---

38 **Confucio** (551-479 a.C.) El gran maestro Kung –su nombre en latín es Confucio– fue un gran humanista, consejero de su príncipe y fundador de la *Escuela de letrados* en China. Para él, el hombre debe perfeccionarse a partir de la introspección y del estudio. La perfección hace al hombre superior, no en el sentido económico, social o político, sino en el sentido moral. Confucio es

Hay hombres tan echados a perder que no parecen responsables de sus actos. Pero no es así, porque ellos mismos han sido causantes de un modo de ser por la dejadez con que han vivido. (...) Por eso, si alguien desconoce que la práctica de una cosas u otras es la que produce los hábitos, es un perfecto estúpido[39]

Al leer Macbeth *aprendemos la gran equivocación que comete un hombre cuando supone que un acto malo le abrirá camino y le conducirá al éxito*[40]
Vive de tal manera que no hagas nada que no puedas decir a tus propios enemigos[41]

---

el referente más grande de la cultura china que tenemos y uno de los mejores referentes mundiales de la paz y la vida buena.

39 **Aristóteles** (384-322 a.C.). Se le considera el último gran filósofo griego y el primer científico europeo. Heredero de Sócrates y de Platón, en cuya Academia ingresó a los 17 años y permaneció en ella por veinte años más, fue encargado de la educación de Alejandro Magno en Macedonia. Al regresar a Atenas, en el 335, funda su propia Academia cuyo método de enseñanza era paseando. De su mente y de sus maestros, así como de sus discípulos nace la filosofía occidental.

40 **Gilbert Keith Chesterton** (1874-1936). Periodista, novelista, poeta y ensayista inglés considerado como "el príncipe de la paradoja". Su capacidad para el debate amistoso fue enorme, como su cuerpo voluminoso. Su excentricidad lo llevó a escribir una obra sobre Santo Tomás de Aquino sin haber leído la *Suma Teológica* y, sin embargo, se considera la obra mejor fundamentada sobre este personaje, clave en la cultura cristiana. Autor de la saga del Padre Brown, un cura detective que resuelve los casos no usando la lógica, sino la teología.

41 **Lucio Anneo Séneca** (4 a. C.-Roma, 65 d. C.) fue un filósofo, político, orador y escritor romano conocido por sus obras de carácter moral. Hijo del orador Marco Anneo Séneca, fue cuestor, pretor, senador y cónsul sufecto durante los gobiernos de Tiberio, Calígula, Claudio y Nerón, además de tutor y consejero del emperador Nerón. Es el principal referente de la corriente estoica, una filosofía de ética personal basada en su sistema lógico y en que si no podemos controlar lo que pasa a nuestro alrededor, pero sí podemos controlar lo que pensamos y lo que sentimos frente a los acontecimientos externos.

CAPÍTULO 5

Pequeño manual para identificar buenos prospectos para el fracaso perfecto

La operación ha sido un éxito, el paciente ha muerto
Chiste popular

Si eres buen observador, y sin duda lo eres, vas a aprender a identificar a buenos prospectos del fracaso. Pero antes de continuar, quiero hacer una acotación en cuanto a los "ingredientes" que voy a enlistar a continuación: los puedes encontrar en la realidad o los puedes alimentar en tu fuero interno, en lo imaginario.

Además, déjame decirte que si alguno de estos ingredientes no lo encuentras en el lugar en que vives o en el que te mueves a diario, no te desanimes: esta receta del fracaso perfecto es dinámica y admite tu ingenio para suplirlos con otros que te funcionen mejor.

1

Los ingredientes externos

Los llamaremos así porque, generalmente, son acciones o personas, relatos o normas no escritas que influyen fuertemente en cada uno de nosotros, en particular durante la infancia.

Estos ingredientes externos nos generan ideas, mitos, percepciones y prejuicios que a la larga se convierten como en una especie de gusano que reside en nuestra mente y en nuestra imaginación, marcando creencias, conductas y emociones que con los años se vuelven difíciles de cambiar o de erradicar.

A este fin nos "ayuda" el que hayamos tenido la suerte de ser mal influenciados desde pequeños y grabar ciertas conductas destructivas, repetirlas y reafirmarlas, y heredarlas a las nuevas generaciones.

Básicamente estos ingredientes externos para el fracaso se encuentran en:

Personas tóxicas – pensamientos, actitudes y dinámicas tóxicas – relaciones tóxicas

¿Realmente existen las personas tóxicas? Aunque a veces parece realidad y más de alguno me pueda dar razones para pensar que sí, lo que realmente hace a una persona tóxica son sus pensamientos. Este tipo de pensamientos provienen de la forma en que vemos el mundo y que luego, a través de la experiencia y la maestría, convertimos en actitudes y dinámicas tóxicas.

Son las dinámicas tóxicas, ya sea de tipo social, familiar, de pareja e incluso individual, las que hacen de nuestra vida una vida miserable y de pobreza en todos los sentidos. Afectan a las personas que más amamos y que tienen la desgracia de amarnos ellas también. La forma como se proyectan es sencilla. La explica Paul Watzalawick[42] como "una de las sugestiones más triviales y rancias de Hécate,[43] esto es, de la convicción de que más de lo mismo (tiene) que ser mejor".

---

42 En *Lo malo de lo bueno o las soluciones de Hécate*. Editorial Herder. Barcelona, 1990, P. 25

43 Se refiere a Hécate, "la diosa tenebrosa del destino" que, en *Macbeth*, una de las obras más conocidas de William Shakespeare manda a tres brujas (bastante tontas, por cierto) "con el encargo de provocar la caída de Macbeth profetizándole un futuro grandioso, que Macbeth creyó con mucho gusto, pues estaba

Repetir la misma conducta tóxica la vuelve "normal". A fuerza de engaños (a los otros y, en resumidas cuentas, a nosotros mismos) llegamos *a creer que lo que hacemos está bien*. Que el ser amado es quien se equivoca. La soberbia –otra de las sugestiones de Hécate– es la que atrae la desgracia al mundo.

Para acabar de amueblar el panorama, hoy en día tenemos "la suerte" de contar con un conglomerado en crecimiento y expansión de redes sociales, que apoyan muchísimo las dinámicas tóxicas. Nos ayudan a hundirnos con el acoso, el hostigamiento, la falta de interés premeditada: "te hago caso y luego no"; "te vi, pero no le doy «me gusta»"; "dejé tu mensaje en visto", etcétera.

Muchas veces son señales que no se notan en la interacción con los demás, con la familia o con uno mismo. Esa comparativa eterna de los padres a los hijos; ese pelear y discutir que empieza como juego en algunas parejas; ese auto humillarnos con toda clase de pensamientos o palabras, la estigmatización que sufrimos en el colegio, en la casa, con los amigos, etcétera.

Aquí está la esencia de lo que llamamos *ingredientes externos*: valoraciones de personas cercanas que tienen por objeto ejercer control sobre nosotros a través de actos y palabras que nos hacen sentir culpa, vergüenza. Juicios humillantes que infunden miedo al abandono, necesidad de aprobación; que nos hacen sentir faltos de capacidad, sin méritos y con una autoestima bajísima. En suma, perdemos seguridad y libertad.

Hay quienes no son capaces de reconocer tales dinámicas tóxicas que los marcaron desde niños. ¡Que suerte! ¡Para ellos el fracaso se da de manera natural! Otras personas las reconocen en algún momento de su vida adulta, luego de un ejercicio de introspección.

Los mayores criticaban tus actos haciéndote menos. En tu casa tus padres no se preocupaban por darte lo indispensable, ropa limpia,

---

muy a tono con sus ansias ilimitadas de poder. Al intentar poner en práctica la profecía, Macbeth se hunde sin remedio".

comida, tiempo de sueño; o te imponían tareas y responsabilidades más allá de las naturales para tu edad, creando en ti un sentimiento de descuido, de soledad y abandono.

En el otro extremo, siempre arreglaban todo para evitarte el sufrimiento, esfuerzo o sacrificio; dolor o incomodidad. Te hicieron creer que lo merecías todo y al mismo tiempo crearon en ti un sentimiento de incapacidad para lograr algo por ti mismo. Esto también es humillación.

En tu familia, las dinámicas tóxicas eran cosa de todos los días: desde la burla constante de unos a otros, el ataque, la crítica a tus puntos vulnerables: lo físico, el sobrepeso, el color de tu piel o la textura de tu pelo.

Surgieron los apodos peyorativos, las burlas a tus gustos al vestir, tu poca maestría para el deporte o la escuela. Te hablaban de manera inadecuada, con ese tono de superioridad, de enojo o coraje. En casos extremos, hubo abusos físicos o emocionales, a veces con sustancias adictivas de por medio. Cualquier cosa con el objetivo de humillarte hasta menoscabar la seguridad en ti mismo.

El resultado fue un individuo más preocupado por lograr la aceptación que por buscar su camino libremente; una persona insegura, que siente apego y falta de amor, falta de merecimiento, incapacidad y falta de fe en lo que puede lograr.

Y lo peor: alguien que experimenta toda clase de miedos y que se la pasa buscando por fuera *la solución definitiva* a sus problemas. Incluso alguien que cree con firmeza que es obligación de:

- sus padres,
- sus vecinos
- su iglesia,
- su gobierno,
- su familia,
- sus amigos ... de quien sea, la resolución de los problemas que le aquejan.

También que es obligación de todos ellos el tenerle consideración ilimitada ante sus fracasos. ¿Por qué? *Porque ellos tienen la culpa.*

LAS PALABRAS MÁS PODEROSAS DEL MUNDO: SÍ Y NO

La asertividad juega en nuestra vida un papel importante. Es la protagonista de nuestro éxito o de nuestro fracaso. Detrás de cada Sí y de cada No, existe valentía o cobardía, confort o miedo, sencillez o complejidad, análisis o desconocimiento, introspección o irreflexión.

El Sí y el NO, apenas llegan a una sílaba y sin embargo son las palabras responsables de dar giros inesperados en nuestra vida. Quienes son capaces de decir un Sí o un No de manera que limite la influencia y la interacción con los demás responsablemente y en base a sus creencias y sentimientos verdaderos las llamamos *personas asertivas.*

Por su parte, las dinámicas tóxicas crean a largo plazo sentimientos de aislamiento y soledad, un devaluado amor propio, un patrón que repite el encuentro de relaciones disfuncionales y problemáticas, sentimientos crónicos de vergüenza y culpa, apegos. Cuando te das cuenta de esto y te es difícil encontrar la manera de superarlo, conviene la ayuda profesional. Lo más difícil es reconocerlo y tener el coraje para cambiar.

Suele ser un proceso doloroso, pero también de mucho alivio, acompañado de un sentimiento de libertad. Quien lo vive y lo supera, siempre sale fortalecido. A veces tu mayor bendición es la existencia y superación de estas grandes dificultades.

Ojo: si interactúas con una persona cercana y tienes un sentimiento desagradable cuando se tocan ciertos temas, pregúntate por qué. Sé sincero con tu respuesta. Analiza el origen del sentimiento y, desde luego, busca una solución. Incluso, una solución podría ser cortar los lazos que te ligan a esa persona. No conviertas en *virtud* solamente evadirte.

Piensa en el siguiente aforismo de Georg Christoph Lichtenberg: "Para ella la virtud consistía en arrepentirse de los errores más que en evitarlos"[44].

¿Cuántas ocasiones de arrepentimiento no hemos coleccionado en el transcurso de los años en los que volteamos la vista sobre aquello que debíamos enfrentar? "Al toro por los cuernos", dice el refrán popular. Pero al toro lo miramos desde la barrera; con la "seguridad" que da el miedo. La toxicidad del pasado inunda el presente.

Y hace necesaria la siguiente clasificación:

- **Personas tóxicas:** Cualquiera que, influida por su pensar, nos haga sentir menos, nos humille, nos controle, nos agreda de cualquier forma.
- **Pensamientos tóxicos:** Pensamientos típicos de auto humillación, de falta de capacidad; cualquier pensamiento que se asocie con una sensación negativa y que reafirme el trípode del fracaso: "no puedo", "no merezco", "no soy capaz".
- **Actitudes y dinámicas tóxicas:** Son las que de manera natural se dan en nuestra interacción con otras personas creando lazos basados en la negatividad, celos y apegos.
- **Relaciones tóxicas:** Se dan cuando logramos concentrarlas en el ambiente familiar, de amigos o de pareja. Son perfectas para lograr un malestar continuo y que lleve a una devaluación de nosotros mismos e incluso participemos y apoyemos el de los demás, ya que no siempre somos las víctimas de esta relación, también podemos ser el victimario o verdugo, e incluso el salvador.

---

44 LICHTENBERG, Georg Christoph. *Aforismos*. Fondo de Cultura Económica. México, 1992. P. 189

En el plano de la comunicación interpersonal, el suceso más común de una relación tóxica (y esto es válido para casi todo tipo de relaciones donde intervenga el lenguaje y haya un otro) es el de equiparar el "comprender" con el "estar de acuerdo". Se puede comprender al otro sin estar de acuerdo con sus opiniones o sus acciones, pero a menudo no hacemos esta distinción. Nos han enseñado –tóxicamente– desde niños a no comprender al otro (incluso a combatirlo, desarmarlo, apabullarlo) en el caso de no que el otro no esté de acuerdo conmigo. O, del otro lado, si comprendo a alguien, es que estoy de acuerdo con él. Esta tóxica enseñanza es la madre de todas las polarizaciones, tan de moda hoy en día.

Watzlawick lo explica así:

> *Con frecuencia se afirma que mujeres y hombres hablan lenguas distintas. Pero esto habría que entenderlo en el sentido que Óscar Wilde decía con tanta elegancia a propósito de ingleses y estadounidenses: que los separa una misma lengua. Dicho con otras palabras: precisamente la misma lengua produce la ilusión de que el consorte tiene que ver evidentemente la realidad, tal como es, es decir,* ***tal como yo la veo.*** *Y si pasa que no la ve así, entonces es que está chalado o que es malévolo.*[45]

La distinción entre "comprender" y "estar de acuerdo" es básica. Los que van camino al fracaso perfecto, ya por ingredientes externos (como estamos viendo ahora), ya por ingredientes internos (como veremos un poco más adelante) parecen ser aquellos que comprenden solo a aquellos que están acuerdo con sus ideas. Su necedad los lleva a extraer la fórmula "Sé exactamente lo que piensas", sin pedirle al otro que diga o explique lo que piensa.

---

45 WATZLAWICK, Paul. *Lo malo de lo bueno*... P. 94. Este texto está lleno de ejemplos sobre el origen de las relaciones tóxicas que quiero poner en relieve.

Pero ¿hay alguna solución a esta trampa tóxica que aprendimos a utilizar desde pequeños para no estorbar nuestros intereses, nuestros gustos, deseos, placeres y flojeras?

En su libro *Luchas, juegos y debates*[46] el pensador y experto en Lógica austro-canadiense Anatol Rappoport recomienda una técnica interesante para resolver problemas de toxicidad ante los engaños del lenguaje que nos llevan al fracaso en nuestras relaciones externas.

La cita es larga, pero vale mucho la pena:

En el caso de un conflicto en vez de pedir que cada partido dé su propia definición del problema, Rappoport propone que el partido A exponga la opinión del partido B en presencia de éste, y que lo haga de un modo exacto y detallado hasta el punto que el partido B acepte esta exposición y la declare correcta. Luego le toca al partido B definir la opinión del partido A de un modo satisfactorio a éste. Rappoport supone que esta técnica de negociaciones puede conducir en gran parte a quitar acritud al problema entre dos partes, antes de que se ponga sobre el tapete la discusión del problema propiamente dicho. Su suposición es exacta; aplicando esta técnica sucede no pocas veces que una de las dos partes en litigio con asombro diga a la otra: "Nunca hubiera pensado que tu pensaras que yo piense así", lo que supone haber dado un paso más allá de la convicción ingenua: "Sé exactamente ... ". [47]

Si quieres, cambia "equipo A" y "equipo B" por ti y por tu socio; por ti y por tu pareja; por ti y tu padre, hermano, amigo, profesor, novia, vecino o quien tú quieras. Verás dos cosas: a) que casi siempre los errores que cometes con él o ella tienen una raíz en las preconcepciones que tienes de él o de ella, y b) que el mejor camino para

---

46 *Fights, Games and Debates*. Universidad de Michigan, Ann Arbor. 1960. Cfr. WATZLAWICK, Paul. *Lo malo de lo bueno* ... P. 96

47 Cfr. WATZLAWICK, Paul. *Lo malo de lo bueno* ... PP. 96-97

construir una relación tóxica –y por tanto, el mejor camino al fracaso relacional– tiene que ver con tu necedad heredada o adquirida tenazmente de no darle al otro el lugar que le corresponde.

2

Los ingredientes internos

Una vez que tuvimos la suerte de desarrollarnos en un ambiente negativo, propicio para el fracaso, pasamos a formar, a desarrollar y hacer propios varios de **los ingredientes internos que necesitamos** para lograr el fracaso perfecto en nuestras vidas.

Estos son algunos ingredientes que quiero mencionar. Desde luego no son todos, pero te aseguro que son los más importantes:

Actitud. Se suele decir que la forma en que tomamos las cosas y resolvemos los problemas que se nos presentan en la vida es la actitud. Siempre he considerado que la actitud es la única conducta que, verdaderamente, podemos controlar. El cristianismo diría que es nuestro libre albedrío. No importa demasiado establecer diferencias. Lo cierto es que la mayor parte de nuestra vida está plagada de accidentes y de situaciones que no controlamos.

Desde nuestra infancia y juventud, los padres, la familia, la sociedad en la que vivimos nos dan pocas opciones a escoger. También sucede lo mismo en la vida adulta. La noción de libertad a menudo se encuentra encapsulada y vuelta una utopía. Entonces renegamos de todo.

Para poder fracasar en serio es necesario que nuestra actitud sea siempre negativa. Tenemos que ver el lado oscuro de cualquier circunstancia por la que atravesemos. Como no somos libres (o la libertad es un "sueño guajiro") tomamos la actitud de ser *realistas:* "Ya sé por qué me pasa esto a mí, la culpa es de ____________ (rellena el espacio con el nombre que más convenga); "esto no se puede", "esto no se debe", "nada está bien", "olvídate de buscar el lado bueno de la vida, no existe", "todo me sale mal", "seguro no lo voy a lograr", etcétera. ¡Seguro te suenan conocidas y confío que se te ocurrió algo más!

Envidia. Este es uno de mis ingredientes internos favoritos para lograr el fracaso. La envidia, definida como la "tristeza por el bien ajeno", es un sentimiento que te carcome el alma. Cuando analizas a fondo ese sentimiento comprendes que viene directamente del juicio que emites hacia un persona que –según tú– no es merecedora de nada bueno.

En general, te frustra la idea de que *ella/él* tenga suerte, un buen trabajo, un sueldo que debería ser tuyo; en fin, que alguien lo quiera. Sobre todo esto último: que alguien lo quiera. Te justificas diciendo: "No me importa que eso me pase a mí; lo que me ofusca es que eso le pase a *ella/él*". Dicho de otra manera: tu coraje no es que a ti no te vaya bien, sino que el otro no esté mal. No quieres tener lo que tiene sino tan solo que no lo tenga.

¿Sabes cuándo vas en la ruta correcta hacia el fracaso? Muy sencillo: cuando te alegras si el otro cae y te vuelves melancólico y avinagrado cuando el otro se levanta. Más aún, cuando el otro triunfa.

Voy a copiar una leyenda judía en la cual se muestra hasta dónde puede llegar la alegría por la desgracia ajena –esencia de la envidia– y de qué manera se nos puede revertir y exponernos al escarnio público (porque el envidioso se delata muy fácilmente).

LA PEDRADA DEL AMIGO

Un hombre había sido condenado a muerte e iba a ser apedreado. Los verdugos le arrojaron grandes piedras y el reo soportó el terrible castigo en silencio y sin gritar una sola vez, pues comprendió que la desgracia había caído sobre él y que sus gritos no servirían para nada.

En eso pasó uno de los que habían sido sus amigos, levantó del suelo una piedra pequeña y la arrojó contra el condenado para demostrar que no era de su partido. Cuando esa diminuta piedra alcanzó al desdichado, éste profirió un grito estridente. Entonces el rey dijo a uno de sus chambelanes: "Pregunta al reo por qué gritó cuando le alcanzó la piedra pequeña tras haber soportado sin inmutarse las piedras grandes".

A esto contestó el reo: "¡Mi rey y señor! Las grandes piedras las arrojaron hombres que nunca me conocieron, por eso callé: pero la piedra pequeña me la arrojó un hombre que era mi igual y al que había llamado mi compañero y amigo. Por eso grité. Recordé su amistad en los tiempos de mi dicha y vi su infidelidad cuando me encuentro en la desgracia. Ahora la muerte me parece dulce".

Entonces el rey se compadeció del condenado y ordenó que se le devolviese la libertad, diciendo: "Si no estuviera prohibido matar a un hombre sin causa grave, haría apedrear al impío que abandona al amigo en la desgracia".[48]

El sentimiento de la envidia tiene que ver con esa actitud de revancha por el mal que nos han hecho otros (siempre otros) y que se refleja en que nos sintamos "el ombligo del mundo".

Para la tranquilidad del envidioso –y para que continúe su camino descendente hacia el fracaso más estrepitoso– este espejismo comenzó hace muchos años y ha ido conquistando países y personas de todo el mundo a partir de que los seres humanos comenzaron a trazar mapas[49] y a poner fronteras entre "nosotros" y "los demás".

Recordemos que entre los antiguos griegos su dios estelar, Zeus, deseoso de saber en dónde se encontraba el centro de nuestro planeta,

---

48 Citado por SYLVESTER, Erich. *Sobre la índole del hombre.* Espasa-Calpe, Colección Austral 453. Madrid, 1967. PP 104-105

49 Por cierto, la palabra mapa viene del latín *mappa*, que quiere decir servilleta, trapo, pañuelo. De ahí, también la expresión popular "el mundo es un pañuelo".

decidió averiguarlo. Para esto, soltó dos águilas en los dos extremos del universo. Como ya podrás imaginarlo, casualmente las dos águilas se encontraron en Delfos, en el centro de Grecia. Las aves se posaron en una piedra ovalada a la que los griegos llamaron "ónfalo", que quiere decir "ombligo".[50]

Los chinos llamaron a su país Zhonghua, es decir, "el reino central", mientras que, según la tradición, la palabra México proviene de tres voces del idioma náhuatl: *metztli* que significa luna; *xictli* ombligo o centro; *co* lugar. Tanto en sentido literal como metafórico quiere decir "en el ombligo de la luna"; o dicho de otra manera "en el centro del lago de la luna".

En resumen, "unos y otros creían ser el meollo cartográfico del cosmos y la única cultura civilizada. Cada cual se ubica en el epicentro de todo y tal vez por eso el mundo tiene más ombligos que cerebros".[51]

Chismorreo. Nutrirse de chismes y rumores, y hacerlos pasar por verdades indiscutibles (siempre y cuando se refieran a otros, porque si se refieren a mí, soy implacable con ellos) es el la esencia de noticiarios, revistas "del corazón" y pasquines de la farándula mal llamada "el mundo del espectáculo". También son el legado de las *fake news* que inundan las redes sociales y que a menudo nos comen más tiempo que ninguna otra actividad en el día.

El chisme es emitir juicios desaprobando a alguien sin razón o certeza alguna, mientras que el rumor proviene de haber oído "que se dijo" esto o lo otro y que a cada paso se le agregan nuevas fantasías. Tiene una chispa de verdad, pero con el boca a boca termina con ser algo muy diferente a como empezó a propagarse.

50 Véase el artículo de Irene Vallejo, "Mirarse el ombligo" en EL PAÍS Semanal, 22 de marzo de 2022

51 VALLEJO, Irene. "Mirarse el ... ". Una de las frases centrales de este artículo es, justamente, la refutación del que es envidioso y, además, terco: "Aprendemos sobre nosotros mismos cuando nos atrevemos a mirar otros paisajes y escuchar otras voces".

3

Ingredientes comunes

Hay una serie de ingredientes en las recetas del fracaso que podemos calificar de ingredientes generales, sobre todo, propios de personas que no se estiman a sí mismas por considerar que su vida ni es valiosa ni es interesante; personas que viven concentradas en el exterior y que es el exterior lo que guía sus pasos.

a) **Motivación:** tratar de que tu meta a conseguir (sea la que sea) tenga su origen en la venganza, envidia, coraje, frustración, ira, miedo. Por lo demás, no lo dejes exclusivamente en motivación, trata de que sea un deseo y de preferencia una necesidad.

b) **Abulia:** ingrediente con nombre pomposo, pero que se consigue en cualquier parte. Es la falta de voluntad que se asemeja a la levadura del pan: hace que tus problemas crezcan, se inflen e incluso se aceleren. Combina muy bien con otros ingredientes tales como la satisfacción inmediata o nunca dar el esfuerzo extra.

c) **Miedo:** No es el ingrediente común que nos alerta del peligro, sino el que nos paraliza, que nos provoca un sentimiento insuperable de angustia. Por lo demás, no seas tímido con el miedo. Derróchalo, pues para que funcione necesitas ponerlo en exceso.

d) **Placer:** si es inmediato te da mejores resultados. A este ingrediente hay que ligarlo con la abulia: es la forma en que mejor funciona dentro de la receta para el fracaso.

e) **Agobio:** la verdad sea dicha, este no es propiamente un ingrediente; más bien es una señal de que el fracaso que estamos cocinando lo estamos haciendo correctamente.[52]

---

52 Hay algunos elementos así como este, que vienen mezclados con otros ingredientes. Solo para no olvidarlos, ir midiendo el objetivo.

f) **Mediocridad:** Ingrediente esencial para lograr un buen plato de fracaso. Va ligado a la pasividad y al conformismo; pero sobre todo está ligado a no analizar las cosas, para poder fallar en lo mismo una y otra vez.

g) **Dependencia:** Otro de nuestros ingredientes favoritos; este viene un poco del juego víctima-victimario-salvador en las relaciones enfermizas. Hacernos daño, quejarnos, salvarnos y que nos salven y volver a repetirlo una y otra vez por el resto de la vida.

h) **Baja autoestima:** Como siempre encontramos algún culpable externo, no nos hacemos responsables de la imagen que tenemos de nosotros mismos. Esta se reduce a la forma en que (creemos) que nos ven los demás. Aunque es imposible, no hagas caso y da por hecho que como ves que te ven los demás es correcto. Y da por descontado que te ven como un verdadero perdedor. ¡Vas bien!

i) **Frustración:** Ingrediente que viene acompañado de la intolerancia. Ser tolerante con la derrota y con los demás puede llevarte al éxito. No te distraigas: como te han enseñado desde pequeño busca resultados inmediatos.

j) **Renuncia:** Ante cualquier dificultad que surja, no importa que sea sencilla, tú tira la toalla. Abandonar lo que iniciaste debe ser tu bandera. Ni de chiste olvides la capacidad de "refugiarte eb tablas".[53] No vaya a ser que superes alguna dificultad y encuentres un gozo que te pueda llevar por otro camino. Ese ingrediente es de otra receta.

k) **Procrastinar:** Este ingrediente es sencillo, incluso barato, casi a todo el mundo le resulta fácil dejar las cosas para después.

53 En el lenguaje taurino, cuando el toro renuncia a la pelea y se retira al cobijo de las tablas que forman el ruedo.

Claro que tienes buenas intenciones, pero "mejor mañana" las pones en práctica. Y así hasta el cementerio.[54]

l) **Tristeza y ansiedad:** Sentimientos indispensables para que la receta salga a pedir de boca. Participan en el platillo desde la preparación del molde. En la cocción se dan de manera natural, por eso es que si los logras poner desde antes estos ingredientes, el plato quedará muy bien sazonado. Digamos otra vez que son como la levadura de una hogaza.

m) **Anhedonia:**[55] Seguramente conoces a alguien a quien nada le satisface a pesar de tener mucho y de todo. ¡Exacto! Este ingrediente es la incapacidad de sentir placer; incapacidad de disfrutar la vida. Algo muy común en personas que pasan del éxito aparente a un fracaso liso y llano y que después de este paso –dicen a todo pulmón—que la vida es una porquería.

n) **Acedia:**[56] Este es un ingrediente, digámoslo así, de carácter espiritual. Se inserta en el corazón de personas que habían conseguido caminar hacia el éxito en una empresa y de pronto fracasaron estrepitosamente. No es algo extraño en nuestros días, aunque su nombre y su origen cristiano parezcan algo antíguo y solamente derivado de la vida en los monasterios medievales. El entramado de hoy es fatiga, aburrimiento, tedio y tristeza. Una duda sobre el sentido de la vida y una interrogante permanente: "¿Para qué todo esto?".

---

54 "El camino a los panteones está lleno de buenas intenciones", reza el dicho popular

55 Término derivado del griego que expresa la enfermedad conocida como anhedonia: incapacidad de experimentar placer, tanto en el aspecto físico, como psicológico o social

56 En el cristianismo primitivo, los primeros monjes usaron el término para definir un estado espiritual de apatía y tedio, y de ahí el término desarrolló un tono moral marcadamente cristiano. En los tiempos modernos ha sido adoptado por figuras literarias y conectado con la depresión.

o) **Indiferencia:** Es el ingrediente que corona el fracaso perfecto y produce una especie de desintegración interior. Se suele confundir con la tristeza, pero la tristeza es temporal, mientras que la indiferencia es permanente. Se trata de un sentimiento de desaliento contrario a nuestra propia naturaleza que te acerca con sigilo a la depresión. Lo puedes resumir en el famoso ingrediente del fracaso vital que es el MDM ("Me dá lo mismo"). ¡Si consigues este ingrediente puedes convertirte en un máster del fracaso! Incluso pienso que eres un fracasado innato.

UNA REFLEXIÓN: "CONÓCETE A TI MISMO"

Si haces un análisis breve de este capítulo es probable que descubras que todos estos ingredientes, percepciones y emociones ideales para la receta del fracaso se deben a un bajo nivel de introspección. Sí, algo que suena muy simple pero que es importante a la hota de desviar el sendero que conduce al fracaso.

Se trata del autoanálisis, del conocimiento de uno mismo. La máxima del filósofo griego, Sócrates, es tremendamente clara: "Conócete a ti mismo". Es la única manera de "ser lo que eres". De lo contrario la autosuficiencia y la independencia dejarán de tener la utilidad de la medicina contra la toxicidad de los ingredientes del fracaso.

La falta de introspección y de conocimiento de nosotros mismos es la fuente de la ansiedad que soñamos burlar ya sea evitando la realidad o evitando el enfrentamiento para solucionar un problema, poner límite o finalizar una relación dañina. Por eso recurrimos al alcohol, a las drogas o nos refugiamos en actitudes pasivas o, peor, en conductas agresivas, que destruyen la dignidad del otro mientras que hacen volar en pedazos la propia dignidad.

Conocernos a fondo es tanto como saber cuáles son nuestros límites, nuestras ventajas, aceptarnos, perdonarnos, etcétera. Es el principio básico de la independencia cuyo antónimo es la codependencia: estar colgado del otro, aunque me haga daño.

Ser lo que somos nos da seguridad para ir por la vida. Nos hace crecer, pilotar nuestra nave con rumbo más o menos fijo (la duda cabe siempre, pero no el quedarnos pasmados, viendo cómo nuestro vehículo va a toda velocidad, sentados en el asiento del copiloto: ¡qué miedo!).

3

Guía para recalibrar la brújula

Vamos a variar un poco la dinámica de este capítulo con un ejercicio que he llamado "recalibrar" nuestra brújula personal y orientarnos hacia una meta diferente del fracaso en las empresas que tenemos en mente llevar a cabo o en las que estamos trabajando.

Vale la pena hacer una breve distinción: la brújula marca al Norte magnético, lo cual, traducido a nuestra vida cotidiana significa un sentido de elevación, de progreso, de lucha por ascender sin perder de vista (jamás) que ese ascenso no significa aplastar a los demás y dejar a un lado los valores que "nos impiden" el éxito.

Cuando un "valor impide el éxito" significa que ni era valor ni estaba en nuestra mente el acatarlo.

Por otro lado, el sustantivo verbalizado orientar proviene de la palabra oriente, que es el lugar donde "sale" el sol. Desde muy antiguo, el oriente es el reino de todo inicio. No se puede orientar uno olvidando que todo comienza con un primer paso (la salida del sol) y se afianza siguiendo un ciclo del que está vedado tomar atajos o dejarlo "para otro día", tal y como he tratado de describirlo en los anteriores párrafos.

Así las cosas, ascenso y orientación van de la mano, y en este apartado podrás encontrar pautas para que enriquezcan tu vida personal y tu labor productiva:

Primero: Tómate una pausa. Busca un momento adecuado para detenerte, tranquilizarte y relajarte (esto se le da de manera más sencilla a las personas que meditan constantemente).

Segundo: Identifica algo que no te gusta de tu vida, algo que te tiene molesto o enojado. Luego, analiza si estás culpando a alguien por ello o te quejas de algo o tienes alguna razón del por qué de ese disgusto contigo mismo.

Tercero: Con sinceridad (nadie puede engañarse a sí mismo) reconoce cuáles son tus pensamientos y tus sentimientos respecto al malestar que te corroe por dentro. Verás que se trata de una situación personal, familiar, laboral o social que bien puede solucionar si la analizas correctamente, sin prisa pero sin pausa.

Cuarto: El cambio comienza cuando das el primer paso, no cuando das el centésimo o el milésimo. No es una verdad de Perogrullo, ¡es una enorme ventaja que tienes con quienes van al fracaso! Un proverbio chino dice que todo largo viaje comienza cuando se da el primer paso fuera de la casa.

Quinto: Reconoce qué quieres cambiar y qué no debes cambiar. Un corredor puede cambiar de ritmo durante la maratón de acuerdo a un plan previamente establecido, pero no por ello va a cambiar su adiestramiento para llegar a cruzar la meta tras 42 kilómetros de esfuerzo. "Comenzar de cero" no es posible. Es como si ese corredor de fondo de pronto se plantea registrar 9.5 segundos en los cien metros planos de un día para otro.

En el fondo, de lo que debes de estar dispuesto es a conocerte y reconocerte mejor; a cambiar aquello que te estanca, que no te permite ascender, que te mantiene desorientado. Puede ser una idea, una vocación, una relación, tu pareja, tu amistad.... En realidad, tú y yo no somos cien por ciento nada. Pero somos capaces de adaptarnos a todo.

Muchas veces, en eso radica el éxito: saber qué podemos cambiar; qué no podemos cambiar, y tener el valor de atrevernos a:

- sostener esa conversación que no hemos tenido,
- pedir la disculpa que hace años llevamos postergando,
- tomar las cosas menos personales,
- reconocernos a nosotros mismos cuando algo nos molesta demasiado en los demás,
- dejar de querer controlar a quienes nos rodean,
- evitar que alguien quiera controlarnos.

¿Conoces la oración de la Serenidad?[57] Es la que usan los miembros de Alcohólicos Anónimos y que ha sido repetida por miles de personas –creyentes o no creyentes—para orientarse en medio de los abismos de la vida (cuando todo parece derrumbarse) y ascender hasta encontrarse con su esencia y su destino:

Señor, concédeme serenidad para aceptar todo aquello que no puedo cambiar, valor para cambiar lo que soy capaz de cambiar y sabiduría para entender la diferencia.[58]

---

57 La plegaria de la Serenidad, también conocida como oración de la Serenidad, es el conocido comienzo de una oración atribuida al teólogo, filósofo y escritor estadounidense de origen alemán Reinhold Niebuhr

58 Para los lectores que quieran profundizar en esta plegaria, doy a continuación la versión completa de la misma:
Señor, concédeme serenidad
para aceptar todo aquello que no puedo cambiar,
valor para cambiar lo que soy capaz de cambiar
y sabiduría para entender la diferencia
Viviendo día a día;
disfrutando de cada momento;
sobrellevando las privaciones como un camino hacia la paz;
aceptando este mundo impuro tal cual es
y no como yo creo que debería ser,
tal y como hizo Jesús en la tierra:
así, confiando en que obrarás siempre el bien;

4

Un ingrediente especial: el abandono

Tal vez te parezca muy extraño que *el abandono* sea el ingrediente que he descubierto como ingrediente principal o denominador común de los fracasos y los fracasados. Pero abandonar es dejar de atender, dejar de cuidar, dejar de seguir, de continuar en el camino a nuestras metas. Abandonar también es descuidarnos a nosotros mismos y dejar a un lado los hábitos virtuosos para abrazar, así sea sin quererlo abiertamente, hábitos viciosos.

Un hábito bueno provoca conductas y actitudes alineadas a enfrentar y vencer los obstáculos que se nos presentan cada jornada. Lo que puedo decirte de esos hábitos lo explican título y subtítulo de uno de los libros de John C. Maxwell: "Algunas veces ganas, algunas veces aprendes" *–Grandes lecciones de vida ganadas de nuestros fracasos.*

La palabra *Lose*, entendida aquí como fracaso, en la portada está significativamente oculta y sobre ella está la palabra *Learn.* De lo que otros consideran una pérdida, los buenos hábitos lo convierten en ganancia.

Una de las parábolas que usa Maxwell en su libro es la del Monte Everest particular. Cada uno lo tiene del tamaño de sus metas y de sus deseos. Hay montes Everest chicos, medianos, grandes. Pero todos ellos requieren escalarlos para llegar a la cima. Aunque, bien pensado, ¿quién pone las tallas de los montes que debemos escalar? Nadie más que nosotros mismos.[59]

---

así, entregándome a Tu voluntad,
podré ser razonablemente feliz en esta vida
y alcanzar la felicidad suprema a Tu lado en la próxima.
Amén.

59 Para dejar los malos hábitos lo más importante es identificar a qué otras actividades, personas, tiempos y lugares los tienes enganchados y desengancharlos de

Todo se reduce a seguir escalando, pero con un plan, con las habilidades que te son propias, tomando los riesgos de la escalada y sabiendo que una preparación adecuada (educación, buenos hábitos, reconocimiento de la montaña, de sus peligros y de sus vericuetos) puede llevarnos a la cima. Así lo define Maxwell:

> *La mejor educación que recibas vendrá de tomar riesgos en tu área de fortaleza. La asunción de riesgos sin capacidad conduce a aumentar la frustración y el fracaso continuo. Tomar riesgos con habilidad conduce a aumentar el aprendizaje y el éxito.*[60]

Hay que comenzar –como conducta recomendable– poco a poco. No forzarnos demasiado al inicio de la escalada. Disminuir el costo enganchando a otra actividad que ya realizas cotidianamente. Es mucho mejor si no subes la montaña solo. Vincula tu ascenso con alguien que amas, que es tu compañero/a de vida y delimita tiempo y lugares para comenzar a escalar.[61]

---

la forma más drástica que puedas.
Ejemplo: **Dejar de fumar.** Hace un par de años lo dejé. Primero me dediqué en una vacación a fumar todo lo que quería, sin medirme. Me propuse un día específico para dejarlo de una sola vez y me desenganche por ejemplo de la costumbre de tomar alguna copa con los amigos y fumar al mismo tiempo. Fue un tema de voluntad en el que dejé de realizar algunas actividades por un tiempo y me mentalicé de que cuando de nuevo las hiciera y estuviera con esas mismas personas con las que identificaba mi hábito de consumo, no iban a influir en mí para hacerlo. Llevo tres años y sigo sin caer, cuando se me ha llegado a antojar un cigarro, lo he prendido y no le he dado el golpe, con lo que he logrado evitar tomar el hábito nuevamente ya que no me engancho con la sustancia y solo me queda el mal sabor de boca.

60 MAXWELL, John C. *Sometimes you win – Sometimes you learn.* Center Street. New York, 2013. P. 224

61 Si lo que quieres es comenzar a correr y no eres una persona que hace ningún tipo de ejercicio, lo primero sería salir a caminar por un lapso corto; luego comenzar a trotar, igualmente, por periodos cortos de tiempo, hacerlo con una frecuencia marcada ligándolo a una actividad que ya tengamos en un espacio de

En la primavera de 2010, los graduados de la Escuela de Negocios de Harvard pidieron al profesor Clayton M. Christensen que los guiara no para aplicar sus conocimientos adquiridos en la empresa, sino para tener la sabiduría de aplicarlos *también* en su vida personal.[62] De ahí surgió un breve ensayo bajo la provocativa pregunta sobre cómo vas/vamos a medir nuestra vida en el presente y en el futuro.

En este ensayo, Christensen pide que exploremos preguntas que todos *deberíamos hacer*:

- ¿Cómo puedo ser feliz en mi carrera/profesión?
- ¿Cómo puedo estar seguro que las relaciones con mi familia son una sólida y duradera fuente de felicidad?
- ¿Cómo puedo vivir mi vida con integridad?

Son tres preguntas que tocan el alma (no la chequera) de la persona. Muchos piensan que la felicidad y el éxito están puestos en hacer dinero. Y la realidad muestra de forma constante que no es así. La felicidad está en el cumplimiento de mi vocación.

Dicho de otra manera y tomando la parábola del Monte Everest personal, la felicidad no es llegar rápido a la cima, sino saber llegar a ella.

Como dice Frederick Herzberg: "La motivación más poderosa en nuestras vidas no es el dinero; es la oportunidad de aprender, crecer en responsabilidades, contribuir con los demás y ser reconocido por nuestros logros".[63]

Por otro lado, ¿cuántas veces hemos visto personas "exitosas" en la vida social (políticos, empresarios, deportistas, artistas) que han deshecho a su familia, que viven solos aunque rodeados de multitudes?

---

tiempo en el que el sacrificio sea el menor. Y si puedes preferentemente al lado de alguien que tenga tu misma meta y a quien quieras mucho.

62 CHRISTENSEN, Clayton M. *How will you measure your life?* Harvard Business Review Classics. Boston, 2017

63 Citado por Christensen, P. 6

La relación equilibrada trabajo-familia es fundamental en el ascenso del Monte Everest personal. Y en esa relación cabe, perfectamente, la respuesta a la tercera pregunta que hace Christensen.

Vivir con integridad quiere decir exactamente eso: que las experiencias se integren en un programa de vida cuyo éxito sea la buena reputación, el bien que se ha adquirido con métodos lícitos, el negocio que ha cubierto todas las responsabilidades con los trabajadores, con el fisco, con la familia, con la sociedad.

5

Saber triunfar y fracasar a la vez

Lo más importante al adquirir buenos hábitos es la sensación de logro, ese sentido de satisfacción que nos produce obtener el éxito en algo valioso por sí mismo. No sé si sea correcto hablar de química de la satisfacción, pero todos hemos sentido algo que puede definirse así y que se produce en nuestro cerebro cuando logramos algo que nos habíamos propuesto, obviamente venciendo obstáculos y fracasando varias veces en el intento.

Además, déjame decirte que haber logrado un éxito en nuestra vida (insisto, sea del tamaño que sea, no es necesario que los demás lo califiquen) nos impulsa a ser mejores personas, a ser ganadores, lo cual no solo es bueno para ti: es bueno para la sociedad en la que vives. Es bueno para el mundo.

La receta para adquirir buenos hábitos no es fácil, te tienes que "obligar", pero la recompensa lo vale. Un consejo, busca conductas que sean incompatibles si lo que quieres es evitar los malos hábitos. Graba en tu mente esta frase que se me ocurrió alguna vez y quiero compartirla contigo:

Los vicios tienen amigos, las virtudes no

Y más tarde, hazte esta pregunta:

¿Cuántos hábitos tuyos son, en realidad, hábitos de fracaso?

El miedo al fracaso del que habla Sarano en el texto que citamos en capítulos anteriores, puede llevarnos a querer ascender a nuestro Everest haciendo trampa, sobornando a los *sherpas* para que ellos se arriesguen en lugar de nosotros; alquilando un helicóptero a escondidas para aparecer en la cima, tomarse el *selfie* y decirle a los amigos (y a los enemigos): "yo estuve ahí, llegué por mis propias fuerzas, merezco el aplauso".

> *Siempre y nunca satisfecho. Estarlo es desmovilizar; no estarlo es desertar. Triunfar en la vida, ¿no consiste en reconciliar las irreconciliables exigencias del "todo está bien" y del "nada está bien"? El hombre digno de este nombre es el que satisface a la vez estas dos exigencias: saber triunfar y fracasar a la vez.*[64]

Termino este capítulo de manera diferente a los anteriores. Lo hago mediante un ejercicio en el cual te presento, por una parte, el resumen de las historias y los ingredientes internos y externos que conforman eso que nos ata y nos conduce al fracaso perfecto, y acto seguido en **negritas** la respuesta que puedes dar cuando des-construyes tu pasado y equilibras las "dos exigencias: saber triunfar y fracasar a la vez".[65]

Tú nunca vas a brillar
—Puedo alumbrar lo que hago

64 SARANO, Jacques. Op. Cit., P. 155

65 El ejercicio ha sido adaptado del cuaderno de ejercicios con el que cierra el libro *Todo deseo se cumple* (sb ediciones, Buenos Aires, 2013) el profesor argentino Alberto Ivern, autor del método EUSA (El Universo se Acomoda).

No sabes lo que quieres
—Sí sé lo que quiero y trabajo para lograrlo

¿Tú, que eres siempre igual?
—Puedo cambiar, de hecho estoy cambiando

Tú no puedes, vas a fracasar
—Puedo hacer aquello que me propongo

No debes pensar primero en ti
—Solo puedo pensar en otros si me tengo en cuenta a mí

Esto no es para ti, tú no vales nada
—Yo decido si es para mí de acuerdo a mi valor como persona

No puedes sostenerte a ti mismo, necesitas alguien que te sostenga
—Mi independencia, aunque precaria, es innegociable

Nadie te va a querer
—Soy amor, soy reciprocidad con todo aquel que comparta mis valores

CAPÍTULO 6
La mezcla y la pala

En cada cosa es preciso preguntarse a sí mismo si es necesaria

Marco Aurelio

1

Como en cualquier receta que se precie de serlo, la receta que te estoy proporcionando, la del fracaso perfecto, ocupa una serie de elementos indispensables para lograr su fin. Una vez que tenemos todos los ingredientes de la receta, es necesario ponerlos en las cantidades adecuadas, permanecer con ellos los tiempos y el orden correctos, y mezclarlos finamente, hasta obtener una masa homogénea como si de hacer un pan se tratara.

¿Has escuchado o visto alguna ocasión cómo se prepara la masa madre? Te cuento. La masa madre es un fermento que se prepara a base de harina y agua, para después dejarse fermentar de manera natural. Tradicionalmente, ha servido para fermentar el pan antes de que existiera la levadura comercial. El proceso cuyos ingredientes son harina, azúcar, levadura seca y agua, sigue el siguiente itinerario:

- Mezclar la harina, el azúcar y la levadura en un tazón, luego agregar el agua poco a poco hasta obtener una textura semi espesa
- Dejar fermentar la masa a temperatura ambiente; pasar a un contenedor y guardar en refrigeración por una noche

- Reactivar la masa agregando un poco más de harina y agua, en cantidades iguales. La textura no debe cambiar
- Realizar esta operación por tres días [66]

Como puedes percatarte, esta receta de masa madre no acepta precipitaciones; requiere un proceso bastante largo –¡tres días!– en los que se tiene que implementar la temperatura adecuada, la mezcla perfecta de los ingredientes, el repaso diario de los mismos, nunca dejar una parte sin reponerla, etcétera.

Es exactamente lo mismo que tenemos que hacer para obtener un fracaso perfecto. Como el agua, la harina y el azúcar de la masa madre, aquí tenemos que mezclar, con tiempo, con paciencia y con cierta dosis de talento, los ingredientes que hayamos escogido o los que tengamos a la mano. Seguramente servirán para cumplir el fracaso esperado y buscado con ahínco.

Además, esta receta es muy noble, cada quien la cocina y le da su toque personal, como los diferentes usos de la masa madre (para hacer pan, pizza, pasteles, bollería). No es relevante (ni necesario) tener todos los ingredientes, pero lo que sí es necesario es cocinarla siguiendo las reglas propias del fracaso.

Torciendo un poco lo que dice Aristóteles en la *Ética a Nicómaco* "Es posible fracasar de muchas maneras (...) mientras triunfar es posible sólo de una".

En nuestro estudio podríamos decir que fracasos pequeños hay muchos (no se cuidaron bien los ingredientes, los tiempos, los grados de la receta), pero el triunfo que significa el fracaso perfecto y constante solamente es posible de una manera.

66 La masa madre está lista para utilizarse en cualquier preparación. Debe ser reactivada o "alimentada" diariamente. Cada vez que se tome un pedazo, se repone la cantidad, pues es un ciclo que mantiene vivas a las levaduras que habitan la masa.

Lo primero es la combinación correcta de los ingredientes

La receta del fracaso perfecto funciona, de entrada, con cualquiera de los ingredientes externos, esos son los que generalmente dan origen a los ingredientes internos que ya hemos desglosado –así sea brevemente—en el capítulo anterior.

Te lo explico mejor: cuando nacemos vemos todo de una manera neutra, si bien reconocemos el hambre, el frío, el dolor. A medida que iniciamos nuestro crecimiento y desarrollo, comenzamos a entender el mundo según los ojos, los oídos, las percepciones, de alguien más, generalmente nuestros padres, abuelos, hermanos, o algún familiar o persona cercana que se dedica a criarnos o cuidarnos o, en el peor de los casos, algo parecido a eso.

Tal y como aprendemos a caminar y a hablar, por medio de la observación y de la imitación, aprendemos a sentir y percibir, juzgar el mundo, según la gente que nos rodea, como si nos prestaran sus lentes para ver a través de ellos. A medida que crecemos, lo seguimos haciendo así e influimos en otros. Aquí nacen casi todas nuestras creencias que formaran lo que llamamos ingredientes externos.

Si tuvimos la gran fortuna de contar con un ambiente viciado, propicio para alimentar nuestra culpa, nuestra vergüenza; si nos influyeron uno o varios de los ingredientes externos de los que platicamos en el capítulo anterior, tenemos todo para que la mezcla del fracaso perfecto se vaya construyendo, y llega a su clímax cuando se convierta en un ingrediente interno y se externalice, influyendo a los demás.

Es preciso, entonces, abandonarse, cesar de luchar, dejarse ir por lo simple, para que el camino se vuelva cómodo.

Esto supone hacernos víctimas de circunstancias exteriores, muchas de las cuales –por cierto– son de nuestra autoría. Además, este abandono, esta negación de nuestra libertad, esa decisión sencilla, que generalmente en los casos más exitosos de fracaso viene acompañada de un drama, es lo que activa la mezcla y la hace potencializar como si de la levadura de la masa madre se tratara.

Te va a sonar familiar y cercano el repertorio que enlisto a continuación (siempre abierto a más y mejores pretextos y justificaciones):

- "Ya no tengo por qué (o por quién) luchar"
- "Ojalá mejor me muriera"
- "Nunca soy suficiente"
- "No merezco nada bueno"
- "A mí siempre me va mal"
- "Tengo muy mala suerte"
- "Si compro un circo me crecen los enanos"
- "Cuando tengo para carne es Cuaresma"
- "Haga lo que haga, nunca lo logro"
- "Aunque quiero, no puedo"
- "Nunca saldré adelante"
- ... (Pon aquí las que se te ocurran)

La buena mezcla forzosamente requiere un ingrediente interno. Es difícil que se llegue a la meta con puros ingredientes externos. Tenemos que agarrarnos de algo que esté en nuestra capacidad de cambiar.

Los ingredientes externos pueden ser volátiles, transformarse, derivar en cosas positivas. La negatividad interna es la fuerza motriz de la mezcla. Es nuestro *toque personal,* lo que le da sabor, consistencia y distinción a nuestro fracaso.

Lo siguiente es el drama

Hay ocasiones en que algunas personas llevan el tema de la negatividad al extremo y logran caer en la figura del TLP (Trastorno de Límite de Personalidad). ¡Imagina que gran éxito es esto que hasta tiene un nombre científico y es tema de estudio por parte de profesionales de la salud mental! Estas personas son, como se describe a sí mismo el escritor rumano nacionalizado francés Emil Cioran: "Un Job, sin amigos, sin Dios y sin lepra".[67]

Los que llegan a asomarse al borde del abismo, al TLP, presentan gran dificultad en regular sus emociones, mantienen una serie de relaciones inestables con los demás y, generalmente, tienen miedo al abandono (que puede ser real o imaginario). No toleran la soledad, son impulsivos e imprudentes, pueden ser grandes consumidores de drogas e incluso tienden a producirse lesiones a sí mismos.

Parte fundamental del drama es el miedo a ser abandonados; un miedo que lleva a tomar decisiones que evitan enfrentarse a obstáculos, a derivar hacia un camino que parece sencillo pero que, sin embargo, va a tener un costo muy alto.

Ojo, también puede presentarse (el miedo al abandono) en personas que quieren siempre "ayudar". Una ayuda excesiva, que limita al otro y lo hace dependiente.

Es el complejo de "salvador del mundo": una necesidad de pasar por súper amables, por buenísimos tipos (o tipas), dechado de virtudes y de buenos tratos pero que, en el fondo, arrastran el miedo a ser abandonados. Una dependencia propia de nuestra cultura en la que se premia el servilismo como si fuera real cuando enmascara una debilidad apabullante. Personas que nunca preguntan si quieres que te ayuden.

Ellas están ahí para llevarte a buen puerto, sólo buscan "tu bienestar". Si no lo notas o las rechazas, se ofenden y te califican como un mal agradecido. En su desesperación cuando se les va la presa, acuden al sentimiento. Y nada mejor para endulzarlo que aquellos versos de "La canción desesperada" del poeta chileno Pablo Neruda:

---

67 CIORAN, Emil. *El crepúsculo del pensamiento*. Nueva Imagen. México, 2003. P. 121
NOTA. Se refiere a Job, el personaje bíblico del Antiguo Testamento a quien, por instancias del diablo, Dios le quita todo sin que el santo varón reniegue de su fe.

(¡)Abandonado como los muelles en el alba.
Es la hora de partir, oh abandonado!

Por último, la pala

Toda receta tiene que tener un instrumento para mezclar los ingredientes. En la cocina siempre hay un buen número de palas de madera de todos los tamaños. Nosotros tendríamos que usar una pala de tamaño regular para mezclar los ingredientes de la masa madre. Ni muy grande ni muy chica.

Lo mismo sucede con la pala que necesitamos para mezclar los ingredientes de la receta para el fracaso. Un buen fracaso merece una buena pala, generadora de adversidades, negativismos, mala disposición y hoyos negros en los que se pierdan –como las estrellas enanas– todas las posibilidades de salir adelante. Esa pala es **la actitud.**

Es la actitud la que escogió:

- Ser víctima
- Quejarse de casi todo
- Poner pretextos de todo tipo
- Justificar su inacción
- Mentir a los demás
- Mentirse a sí misma
- Ser un poco (un mucho) cobarde
- Creerse las críticas sin analizarlas
- Procrastinar
- Evitar tener metas
- Evitar atreverse
- Evitar exponerse
- Ir a la segura

Hay un cuento del escritor terapeuta argentino Jorge Bucay que nos ayuda a entender lo que es el miedo al abandono; lo que significa que una falsa creencia que nos haga perder la libertad, dejar de creer en nuestra fuerza de voluntad y, finalmente, nos haga perder la fe en nosotros mismos.

EL ELEFANTE ENCADENADO

Cuando yo era pequeño, me encantaban los circos. Lo que más me gustaba de los circos eran los animales, y el animal que más me impresionaba era el elefante. Me fascinaban sus enormes dimensiones y su fuerza descomunal.

Sin embargo, después de la actuación y hasta poco antes de volver al escenario, el elefante siempre permanecía atado a una pequeña estaca clavada en el suelo con una cadena que le aprisionaba una de las patas. La cadena era gruesa, pero la estaca era un minúsculo trozo de madera clavado a pocos centímetros de profundidad.

Me parecía obvio que un animal capaz de arrancar un árbol de cuajo con su fuerza, también podía tirar de aquel minúsculo tronco y liberarse. Aquel misterio siguió pareciéndome evidente.

—¿Qué lo sujeta?, ¿por qué no huye?

Tras preguntarle a mis profesores y parientes que consideraba sabios, la respuesta que me dieron algunos fue la siguiente:

--El elefante no se escapa porque está amaestrado.

Hice entonces la pregunta obvia:

--Si está amaestrado, ¿por qué lo encadenan?

La verdad es que no recuerdo haber recibido ninguna respuesta coherente, hasta que alguien que resultó ser lo suficientemente sabio me dio una respuesta convincente:

--El elefante del circo no se escapaba porque estuvo atado a una estaca parecida desde que era muy pequeño.

Cerré los ojos e imaginé al indefenso elefante recién nacido sujeto a la estaca. Seguro que en aquel momento el animalito tiró y tiró tratando de liberarse. Debía terminar el día agotado porque aquella estaca era más fuerte que él. Día tras día debía volver a intentarlo con el mismo resultado.

Y así, hasta que un día terrible para el resto de su vida, el elefante aceptó su impotencia y se resignó a su destino.

Ese poderoso elefante no se escapaba porque creía que no podía hacerlo; tenía grabado el recuerdo de la impotencia que sintió de pequeño. Y lo peor es que jamás volvió a poner a prueba su fuerza.

Creo que queda muy clara la idea de este cuento. Quiero decir que la pala para mezclar los ingredientes, la actitud, es aquello que dice Bucay como moraleja de su cuento: "Cuando, a veces, sentimos los grilletes y hacemos sonar las cadenas, miramos de reojo la estaca y pensamos: *No puedo y nunca podré*".

Estarás de acuerdo que el elefante no está en una zona de confort. Amarrado a la estaca, se encuentra incómodo. Por experiencia sabemos lo desagradable que resulta permanecer atado no solamente a una estaca, sino a cualquier cosa que impida movernos.

Pero ¿qué sucede cuando nos queremos zafar de la estaca y la voz interior de los atavismos nos dice "no puedes y nunca podrás desatarte"?

Como el elefante, ahí nos quedamos, sumidos en la tristeza de no conocer el potencial que habita en nuestro interior si tan solo decidimos desterrar la cobardía ("no puedo") y ser valientes ("sí puedo"), asumiendo lo que todo "sí" lleva cosido a su cuerpo. Sí, es más fácil dejarse vencer, renunciar a ser diferente, encarar la libertad y construir lo que hace crecer la autoestima.

Este proceso consiste en conocerte y aceptar lo que te gusta de ti y lo que no te gusta de ti; sin embargo, cuando solo ves lo que no te gusta, te vuelves sumiso, pusilánime. Por otro lado, cuando solo ves lo que te gusta, te vuelves prepotente. En ambos casos el origen es el mismo: ver solo una parte del todo.

2

Haz de la sinceridad y de la lealtad tus fundamentos
Confucio

Los ejercicios que te voy a proponer necesitan que los tomes en serio y no te mientas a ti mismo. Es lo que los psicólogos llaman "ejercicios de introspección profunda".

No te quiero ahorrar el costo del psicoanálisis ni pretendo erigirme en tu "psicólogo de cabecera". Mi intención es menos espectacular. Simplemente, quiero que te des cuenta. Eso es todo.

Como el epígrafe de Confucio, que propongo en la segunda parte de este capítulo, lo que necesito es que seas sincero y leal con el origen de tus creencias más profundas para que puedas mirar la estaca en la que estás amarrado –como el elefante del cuento.

EJERCICIO 1
Evaluación de tu entorno

a) Analiza lo que te produzca un estado de incomodidad, miedo, o cualquier sensación negativa
b) Trata de pensar en el origen de esta creencia
c) ¿A través de los lentes de quién aprendiste que eso es así?
d) ¿Quién definió esa sensación o por qué juzgas de tal forma?
e) ¿Por qué tienes ese sentimiento negativo?
f) ¿Qué te produce tanta ira?
g) ¿Por qué llegaste a la conclusión de que la estaca a la que estás amarrado vale más que soltarte y comenzar una vida nueva?

NOTA. En la medida que tengas la capacidad de analizar y obtener una respuesta a estas preguntas, tendrás la oportunidad de actuar en consecuencia, de cambiar tu percepción, de aceptar tu pasado, de perdonarte por todo el tiempo perdido, y de alegrarte y felicitarte porque no existe la palabra "tarde" cuando se trata de avanzar y de crecer.

EJERCICIO 2
Voltea alrededor y analiza

a) ¿En la actualidad hay personas que te siguen prestando esos mismos lentes para creer en espejismos que impiden tu crecimiento?
b) ¿Tu entorno es sano?
c) ¿Estás restaurando o estás repitiendo esas conductas que originaron tus ingredientes internos?
d) ¿Reconoces las influencias externas que han generado en ti conductas y actitudes internas negativas?
e) ¿Estás poniendo límites a las relaciones tóxicas, a los vicios, a las puertas falsas de escapatoria?
f) ¿Eres capaz de observarte sin máscaras y reconocer que hay ingredientes internos a los que poner también un límite?
g) ¿Reconoces esa voz interior que te dice que no puedes o que mereces las cosas malas que te suceden?

NOTA. Si no respondes con seguridad a este pequeño examen seguro vas a repetir el curso. Es decir, seguramente volverás a las andadas. Es el típico caso de esa persona que tiene una pésima relación con su pareja: un día se decide a terminarla, pero sin haber pasado por el cedazo de estos cuestionarios. ¿Y qué pasa? Que al cabo de un tiempo, la vuelves a ver con otra pareja de características similares. Esto le sucede porque solo le puso límites a lo externo, pero no frenó los ingredientes internos de la mezcla.

Antes de pasar a la tercera parte de este capítulo, te dejo tres preguntas, muy pequeñas, muy simples, pero de una gran importancia para lograr el fracaso si no les das importancia:

- ¿Vives con el enemigo?
- ¿Evades para no actuar?
- ¿Los vicios tienen amigos?
- ¿Las virtudes tienen amigos?

Finalmente, te voy a proponer una anécdota de lo que significa la actitud ante los temas de la vida que hemos venido discutiendo:

Una persona mayor buscaba trabajo a sus 70 años. En lugar de seguir las voces de su entorno y arrastrarse a pedir que lo emplearan en lo que fuera, o salir a la calle a pedir limosna porque "ya no sirvo para nada", tomó un marcador y escribió en su camiseta la siguiente frase: "No tengo 70 años, tengo 16 con 54 años de experiencia".

¿Tú lo emplearías?

3

–Que a todos nos gusta, señorito, hacer papel,
y nadie es el que es, sino el que lo hacen los demás.
Pasaje de *Niebla*, novela de Miguel de Unamuno

El último paso de todas las mezclas culinarias es la **cocción.** Lo que sucede con los alimentos, también sucede con la mezcla de los ingredientes para el fracaso perfecto. Los ingredientes externos e internos tienen que tener el grado de calor adecuado para que se combinen mejor y se conserven correctamente en el fondo de nuestra actitud perdedora. Cocerlos bien nos permite digerirlos con facilidad y tenerlos a la mano cuando nos sentamos en la mesa de nuestra vida profesional o familiar.

El ambiente ideal, tiene como esencia nunca cambiar la mezcla de los ingredientes, jamás innovar porque le tienes pavor a que de repente abandones la senda del fracaso y *¿te empiece a ir bien?*: te imaginas que tienes la pareja idónea, el socio perfecto; no se te ocurre pensar en las consecuencias, prefieres evadir la realidad, ignorar los signos de advertencia. No agregar nada ni quitar nada.

> *Generalmente, nos asusta fallar. Al borde del error, sentimos vértigo. Reconocer que nos hemos equivocado despierta vergüenza y remordimiento. Cuando recordamos nuestras equivocaciones pasadas, nos domina la sensación de derrota. Sin embargo, el filósofo griego Aristóteles consideraba el error un suceso mental interesante y valioso que no debería paralizarnos.*
>
> *De las equivocaciones genuinas se pueden aprender lecciones: que las cosas son distintas de lo que parecen y por eso las malinterpretamos; que hace falta observar con atención, manteniendo aguzados los sentidos; que el mundo es infinitamente variado y enigmático. Aristóteles recomendaba demorarse precisamente en los aspectos equívocos de la vida porque nos abren nuevos horizontes.*
>
> *De hecho, la palabra "error" significa en latín "desvío, merodeo" y evoca la idea de abandonar la ruta directa, de caminar con paso errante. Por tanto, el error es hermano del viaje, compañero de andanzas, un guía extraño y errático que, al final, sabe llevarnos a la meta.*
>
> *Los antiguos citaban a menudo un proverbio que decía: "Que tu error de hoy sea tu maestro de mañana". Sabían que, si sabemos sacarles provecho, nuestras erratas son herramientas.*[68]

Errar es humano, lo que es inhumano es querer ser perfectos, no fallar nunca, ser los "salvadores" de la situación, las fortalezas inexpugnables que ningún ejército puede derribar ni alguna circunstancia puede resquebrajar.

---

68 VALLEJO, Irene. Columna "Arrecife con sirena". El Universal, 15 de marzo de 2023.

Sólido como una roca, el sentimiento viene de muy lejos. Esa aversión al error, paradójicamente, solo engendra errores: fracasos. Si quieres seguir siendo un fracasado perfecto, sigue evitando los errores.

Viene de la primera fase de nuestra vida, cuando nos dijeron: "no te quivoques nunca", "no chilles", "aguántate", "no te rajes", "hay que morir en la raya". Esa *cultura sufridora* de "los hombres no lloran" y, mucho peor: "las mujeres aguantan" al marido con su amante; aguantan sin quejarse las humillaciones y el maltrato físico o verbal; pero "todo por los hijos", porque las mujeres "se deben" sacrificar, callarse, inmolarse ante el macho *alfa*.

Si bien la biología no es cultural, sí lo es la adopción de restricciones, miedos y desesperanzas. El camino al fracaso perfecto es un platillo que se cocina a fuego lento. Todos los componentes culturales que ponemos en la olla están ligados a "no cometer errores".

En ocasiones el fracaso perfecto es fruto de una insistencia desproporcionada en hacer lo mismo, buscando resultados diferentes, eso que Albert Einstein calificaba como signo de la locura. Seguir el camino del ego inflado, del "yo no me puedo equivocar" nos impide renunciar, a pesar que que no tenemos los objetivos claros, no tenemos tiempos marcados, no estamos disfrutando el camino y no tenemos expectativas concretas.

En el momento que te sientas cansado, frustrado, sin esperanzas ni energía para seguir adelante; desanimado, deprimido, estancado, perdedor, es el mejor momento para seguir igual –evitando los errores y seguir fracasando– o, por una vez, atraverte a romper la estaca, atreverte a equivocarte, atreverte a –quien sabe– ganar.

Es tu decisión. Está en tus manos. No lo pongas en manos de otros. Tú eres el cocinero: el platillo es tuyo.

Este es uno de mis cuentos favoritos; muestra a las claras cómo hacerle caso a quienes nos rodean, en lugar de encontrar nosotros el propio camino de la vida lleva a ahogarnos en el río de las contradicciones.

LA OPINIÓN DE LOS DEMÁS

Un viejo y un joven viajaban con un asno. Al llegar a la aldea caminando junto al animal, los niños de la escuela rieron al verlos pasar diciendo:

—¡Mira a esos tontos, tienen un asno robusto y van caminando, por lo menos el viejo podría montarse en él!

Al escuchar a los niños, los hombres pensaron que deberían seguir el consejo, pues pronto llegarían a otra población y la gente se volvería a reír de ellos. Así pues, el viejo se montó en el burro y el joven caminó detrás.

Entonces encontraron a un grupo de gente que los miró y dijo:

—¡Miren! ¡El hombre viejo montado en el burro y el pobre muchacho, caminando!

Así que cambiaron puestos, el hombre viejo caminó y el joven montó en el burro. Entonces otro grupo de gente se acercó y dijo:

—¡Mira qué muchacho más arrogante! Quizás el viejo es su padre o su maestro, y va caminando mientras el joven va montando en el burro. ¡Esto es contrario a toda norma!

¿Ahora qué podían hacer? Ambos decidieron probar la única posibilidad restante: sentarse los dos en el burro. Así que montaron ambos en él.

Entonces otro grupo se acercó y dijo:

—¡Miren qué gente tan violenta! El pobre burro está casi muerto, mejor sería que lo cargaran ellos en sus hombros.

Así que otra vez lo discutieron y decidieron llevar al burro en hombros, pues de otra manera la gente de la aldea vecina los llamarían tontos.

Por lo tanto, cortaron un bambú, colgaron al burro de las patas y lo cargaron. El pobre animal trató de rebelarse —como cualquier burro lo haría- y trató de escapar, pues no era un fanático de la sociedad, no creía en la opinión de los otros.

Pero los dos hombres estaban empeñados y lo forzaron, así que el burro se doblegó. Precisamente cruzaron el puente para llegar a la aldea cuando una multitud se reunió en derredor suyo y exclamó:

—¡Miren a esos tontos! Jamás existieron idiotas semejantes, en vez de montar el burro lo llevan a cuestas. ¿Se habrán vuelto locos?
El burro, mientras tanto, se puso inquieto, tan inquieto que saltó y se cayó desde el puente al rió, matándose enseguida. Ambos bajaron al río y junto al animal muerto el hombre viejo habló al muchacho, pues esta no es una historia ordinaria: el viejo era un maestro sufí, un iluminado, y el joven era su discípulo.
Como los sufíes siempre crean situaciones, pues dicen que al menos que la situación se presente uno no puede aprender de verdad. Así que ésta fue una situación creada para el muchacho. Ahora el viejo dijo:
—Mira, así como el burro, tu estarás muerto si escuchas demasiado la opinión de los demás. No te preocupes de los demás, pues ellos son muchos, tienen su propia mente, por lo que dirán siempre cosas diferentes. Si continúas escuchando a otros y no escuchas tu propio centro íntimo, serás llevado de un lado para otro. Escucha tu voz interior y la de tu maestro, siéntelas y muévete de acuerdo a ellas.

De lo que hemos dicho en este capítulo se desprenden por lo menos cuatro frases que puedes recordar:

- *El grillete que nos encadena es el "no puedo y nunca podré"*
- *El miedo al error es la madre de todos los erorres*
- *La palabra "tarde" no existe cuando se trata de avanzar*
- *La muerte del alma es solamente hacer lo que los demás te dicen que debes hacer*

PARA PENSAR

Cada fracaso enseña al hombre algo que necesitaba aprender [69]

---

69 **Charles Dickens** (1812-1870). Escritor inglés, considerado por muchos críticos como el más grande novelista inglés del siglo XIX. Es el creador de novelas inmortales como *Oliver Twist*, *Grandes Esperanzas*, *Tiempos difíciles*, *Historia de dos ciudades*, etcétera. Se elevó de un pasado humilde a ser uno de los genios de la literatura universal

El fracaso es una oportunidad para empezar otra vez, pero con más inteligencia[70]
En la vida hay algo peor que el fracaso; no haber intentado nada[71]
Todo fracaso es el condimento que da sabor al éxito[72]

---

70 **Henry Ford** (1863-1847). Fue un empresario y emprendedor estadounidense, fundador de la compañía Ford Motor Company y padre de las cadenas de producción modernas utilizadas para la producción en masa. Se le considera el padre del automóvil en Estados Unidos, aunque también se le reconoce como uno de los fundadores de la industria del siglo XX

71 **Franklin D. Roosevelt** (1882-1945). Franklin Delano Roosevelt, también conocido como Franklin D. Roosevelt, Franklin Roosevelt o por sus iniciales FDR, fue un político y abogado estadounidense que ejerció como 32.º presidente de Estados Unidos desde 1933 hasta su muerte en 1945. Fue el presidente que enderezó la situación económica de Estados Unidos después de la Gran Depresión

72 **Truman Capote** (1924-1984). Truman Streckfus Persons, más conocido como Truman Capote, fue un literato y periodista estadounidense, autor de la novela *Breakfast at Tiffany's* y su novela-documento *In Cold Blood* sobre el asesinato múltiple de una familia del medio oeste de Estados Unidos y que ha sido considerada como la gran novela del nuevo periodismo de investigación del siglo XX

CAPÍTULO 7

Siete ejemplos famosos y uno muy cercano

Lo que da sentido a nuestra vida es la incertidumbre, y lo que le da sentido al fracaso es el aprendizaje

Yo

Hemos llegado a la parte final de este recorrido. Pero no quisiera despedirme de ti sin hacer un breve catálogo de personajes conocidos (otros no tanto) que representan una galería de fracasos.

En ellos se condensa, casi diría se confirma, que sí existe la receta perfecta para fracasar si se le ponen todos los ingredientes y el esfuerzo necesario para cocinarla.

a) **Un Óscar de la autodestrucción para Charlie Sheen.** Este actor estadounidense, uno de los más talentosos de su generación, llegó rápidamente al éxito, y cuando estaba en la cumbre de su carrera, hizo todo lo posible para autodestruirse. Quizá conoces bien la historia de Sheen, sobre todo por su papel en la serie de televisión *Two and a Half Men*. Pero las drogas, la violencia contra sus parejas, el desequilibrio mental y la insistencia en no querer rehabilitarse, hicieron que poco a poco se fuera hundiendo en la derrota. En 2015 declaró que tenía SIDA y que, sabiéndolo, había tenido relaciones con mujeres. Las demandas han caído sobre él y las acusaciones de violencia doméstica han sido recurrentes. Su historia es la de un actor talentoso que normalizó lo que le hacía daño y escogió el fracaso, quizá por aversión al éxito, por vacío emocional o espiritual y por la acedía, el aburrimiento de estar fuera de relaciones tóxicas.

b) **Elizabeth Holmes: mentir antes que aceptar el fracaso.** La historia de Elizabeth Holmes y su empresa de biotecnología llamada *Theranos*, muestra hasta dónde es capaz una persona –Holmes quería imitar a toda costa a Steve Jobs—inventa, miente, pone en riesgo a los demás con tal de figurar, vender, ser aclamada. Su narrativa hablaba de un producto innovador para hacer análisis de sangre sin tener que pinchar con una aguja a la gente. Había dicho que tenía dos carreras, que era una mente privilegiada, brillante. Engañó a la industria farmacéutica, a los inversionistas y logró crear un emporio. Una investigación periodística, sin embargo, mostró que todo estaba montado sobre mentiras. Y como un castillo de naipes, el imperio "biotecnológico" de Holmes se cayó. Fue condenada por fraude a prisión y en las investigaciones se demostró la farsa. Nunca la aceptó mientras tuvo el mando de su empresa. Nunca corrigió ni oyó a los demás. Terminó en la cárcel.

c) **Mike Tyson: cuando la infancia se convierte en destino.** Todo el mundo se acuerda cuando Tyson, el campeón mundial de peso completo, le arrancó una oreja a su contrincante. En realidad, se trata de una carrera en el Box que lo llevó a la fama, a la fortuna y tras ello, la bancarrota, la prisión y el fracaso rotundo. Su infancia lo persiguió durante toda su carrera. Criado en el barrio de Brooklyn, fue abusado por su madre y su padrastro y en la escuela sufrió maltrato y hostigamiento. De la delincuencia juvenil pasó al boxeo. Y ahí pudo dar rienda suelta a su ira contra el mundo. Mientras ascendía en el escalafón mundial de los pesos pesados, todos sus traumas se fueron materializando hasta que, finalmente, al alcanzar el pináculo de su carrera, se volvió adicto, violento y errático. Convencido de que no merecía el éxito, se dedicó a sabotear su vida. Libró muchos combates en el cuadrilátero, pero los combates consigo mismo no los pudo vencer. Al contrario: no quiso sanar sus traumas y terminó atrapado en ellos. Es, quizá, el mejor ejemplo del ingrediente esencial de la receta del fracaso: la acedia, el vacío interior, la insatisfacción de vivir.

d) **Bernard Madoff, un lobo lleno de nada.** El cine nos ha llenado de historia de "lobos de Wall Street" o de altos directivos de empresas que alcanzaron el éxito económico, se volvieron millonarios, pero que a medida que aumentaban sus bienes, disminuían su alma, hasta quedar llenos de nada. Y propician comportamientos autodestructivos "financiados" con el dinero que ganan, muchas veces engañando a los demás. Tal es el caso de Madoff, un nombre familiar en Wall Street durante décadas, conocido por muchos como un corredor de bolsa exitoso y respetado. Sin embargo, todo eso cambió en 2008, cuando su esquema Ponzi fue descubierto y se reveló que había estado ejecutando una de las mayores estafas de la historia. Madoff fue declarado culpable de múltiples cargos y sentenciado a 150 años de prisión. Muy parecido al esquema de éxito financiero y fracaso personal es el de Jordan Belfort, retratado en la película "El Lobo de Wall Street". Belfort era un exitoso corredor de bolsa que se hizo rico vendiendo acciones fraudulentas a inversores desprevenidos, terminó, como Madoff, en la cárcel. Ambos "lobos", en lugar de abordar problemas subyacentes, recurrieron a "taparlos" en base a comportamientos imprudentes y autodestructivos que finalmente los condujeron a la cárcel y al desprecio.

e) **Kurt Cobain: demasiado éxito para ser un artista maldito.** Kurt Donald Cobain fue un cantante, músico y compositor de la banda grunge *Nirvana*. Es considerado como un icono y voz de la generación X. En 1994 se suicidó. Según lo cuentan sus familiares y el círculo cercano, Cobain se quitó la vida (después de muchos intentos fallidos) porque no pudo soportar el éxito de su música, de su conjunto, con las mujeres y con el mundo del espectáculo. Su fracaso –dicen los críticos— vino cuando se dio cuenta que era demasiado talentoso, incluso demasiado guapo para encarnar el personaje rebelde, contestatario y maldito que se había construido a sí mismo, como un mecanismo de defensa ante la aclamación del mundo exterior. Quizá lo que nunca entendió es lo que sucede con muchos exitosos que fracasan estrepitósamente (el suicidio es el fracaso irreversible): que no aceptan que hay límites, y que esos límites no se pueden obviar. La contradicción de Cobian (tener éxito y ser aclamado por multitudes y encontrarse vacío y solo) muestra que no se puede tenerlo todo. Si del fracaso no se aprende, mucho menos del éxito total.

f) **Ahab, el capitán que perseguía su propia ballena.** La literatura enseña cuánto cuesta apostarlo todo a la venganza. Los clásicos dicen que la venganza es un plato que se come frío. Y actuar por ella, como motivación, es guiar al fracaso a quienes nos rodean y confían en nosotros. *Moby Dick* no es una novela "para niños"; es una novela-río de inmensa proporciones y múltiples lecturas. Pero la más importante (y de la que se han hecho muchas películas) es la caza de la ballena blanca llamada "Moby Dick". El autor, Herman Melville, quien estuvo en un barco ballenero, pone en "Ismael" al narrador de la historia de la venganza contra la ballena del capitán Ahab, quien en un intento de capturarla había perdido parte de su pierna. "Ismael" se embarca en la nave al mando de Ahab y éste, en lugar de ir a cazar ballenas, se dirige a buscar a su adversario por todos los mares del mundo. Hasta que lo encuentra y lleva a toda la tripulación, excepto "Ismael" a la muerte, sin poder cumplir su venganza. Ahab nunca oyó las voces que le indicaban lo absurdo de su empresa.

g) **Bas Jan Ader: el artista que prefería perder el control.** Este joven y talentoso artista, nacido en Holanda y fallecido en medio del Atlántico en 1975, es un ejemplo del fracaso por no reconocer los límites y vivir a la deriva. Trabajaba el arte conceptual en fotografía, video y performance. A los 23 años se fue a vivir a Los Ángeles y ahí realizó una serie de performances en los que "perdía el control". En otras palabras, hacía todo lo posible por hacer lo imposible, como si su cuerpo no ocupara un lugar en el espacio y en el tiempo. A los 33 años llevó a cabo su último performance. Sin tener noción de navegación, salió de Cape Cod (Massachusetts) para, según él, realizar "un larguísimo viaje en velero". El viaje iba a ser la parte central de un tríptico llamado "En busca de lo milagroso", un audaz (y absolutamente descabellado) intento de cruzar el Atlántico en un velero de 12 ½ pies. Afirmó que le llevaría 60 días hacer el viaje, o 90 si optaba por no usar la vela. Seis meses después de su partida, su barco fue encontrado medio sumergido frente a las costas de Irlanda, pero Bas Jan había desaparecido.

UNA HISTORIA CERCANA

Tuve un amigo cuando ambos andábamos en los treintas. Casado y con un hijo. Una persona amable, servicial, alegre, trabajadora. Así me lo parecía. Un día lo encontré desesperado. Todo iba mal. Tenía que cerrar su negocio. Un negocio que yo le había advertido del riesgo que corría al abrirlo (más tarde me confesó que mi consejo lo había tomado como señal de envidia). Además, su hijo había tenido problemas de salud, estaba atrasado en la renta y escaso de dinero. Busqué una forma de apoyarlo. Le ofrecí un empleo en mi empresa. Bien pagado, por encima de lo que estaría estipulado para un trabajo como el de él. Estuvo contento y fue muy eficaz los primeros meses. Hasta que comenzó a compararse conmigo y vio lo que yo ganaba, que no era poca cosa. Entonces, me pidió asociarse. Acepté y aunque yo puse la inversión inicial, me pidió que fuéramos a partes iguales. Quise ayudarlo y pensé que eso lo comprometería con la empresa.

Tuvimos éxito, pero yo lo veía muy apurado económicamente. Fumaba mucho y perdía dinero en el casino. Obviamente, en su casa tenía problemas muy graves. Me dije para mis adentros: "Ese no es mi tema" y decidí seguir adelante. Pero el mal humor de mi amigo era cosa de todos los días. La envidia volvió a surgir. No se le hacía justo lo que él ganaba comparándolo conmigo. Yo tenía otras empresas con amigos en común. Quiso hacer lo mismo, por su cuenta. Un día me dijo que éramos socios y no le parecía su situación con respecto a lo que yo ganaba. Con coraje me lo hizo saber. Me pareció muy mala actitud de su parte. Le contesté que no necesitaba más sus servicios y que disolviéramos la sociedad. Que se quedara con el negocio y comprara mi parte. Así lo hicimos. Nos alejamos, nos veíamos poco y supe que decía, a mis espaldas, que había abusado de él y que yo era un mal amigo. La verdad, me dolió mucho.

Pero, ¿quién era el fracasado? ¿Él, por no ver que era por amistad por lo que los había apoyado o yo, por andar con el complejo de salvado? Hoy lo analizo así: en un principio las circunstancias de la vida eran el verdugo, mi amigo la víctima y yo el salvador. Después cambiaron los papeles: yo fui el verdugo y él la víctima. No encuentro quién pueda ser el salvador.

Para redondear la historia, ponle a "mi amigo" cualquier nombre; puede ser tu vecino, tu conocido, tú mismo.

El fracasado de enfrente es:

- Quien se deja dominar por su falsa dignidad o su orgullo para perder y echarle la culpa a alguna circunstancia o a los demás.
- El que critica, juzga sin razones, le molesta la riqueza ajena, los ricos siempre son malos porque no son compartidos ¿te refieres a que no te regalan?

- El que se esconde tras la máscara de amigo cuando todo es bonanza y luego te juzga de tonto, porque el amigo ha tenido una mala temporada (como si fracasar no fuera natural, lo antinatural para las personas que valen la pena es no levantarse).
- El que siempre tiene una crítica infundada, que piensa que todos son tontos, que desacredita a las personas a la menor oportunidad y casi siempre en su conversación trae chismes o noticias escandalosas.

Con esos rasgos puedes percibir en tu vida cotidiana a un fracasado nato, algo diferente de las seis historias anteriores. ¿La razón? Las historias que te conté son de personas autodestructivas, pero tienen ciertas virtudes o una inteligencia dentro de la media alta.

Ellos van generalmente del éxito al fracaso, pero este último está condenado a ir únicamente de fracaso en fracaso.(según la lógica de este libro podríamos llamarlo *un virtuoso del fracaso*).

Te preguntarás cómo le ha ido a mi amigo. La respuesta es mal, bastante mal. ¿Sabes por qué?

a) Siempre encuentra a quién echarle la culpa de sus fracasos.
b) Los fracasos a los que se enfrenta vienen envueltos en un corazón lleno de envidia por cómo les va a los demás.
c) No aprecia cuando tiene oportunidades de hacer algo que lo haga crecer, si ese "algo" beneficia también a otro o a otros.
d) Prefiere el hundimiento del otro (o de los otros), antes que su propio éxito.

Es posible que haya otras causas detrás del fracaso perfecto. He intentado dibujar las mejores que se me han venido a la mente. En esencia, he querido que tu fracaso sea un éxito para que sepas que en el éxito está el fracaso presente. Bien lo decía el filósofo presocrático Pitágoras: "El hilo de la vida se aflojaría si no fuese bañado por algunas lágrimas".

EPÍLOGO

Hay demasiadas señales en nuestra vida que nos hacen creer que nosotros ponemos los límites y que "todo es posible" si nos proponemos lograrlo.

Ojo que este pensamiento es la antesala del fracaso perfecto. ¿Por qué? Como dice el matemático español Javier Moreno en un reportaje del periódico El País: "todos estamos confrontados al límite. Nuestro tiempo es finito, así como nuestros sentidos. No podemos ver todas las películas, escuchar todas las canciones ni culminar todos los match de Tinder".

Podemos seguir indefinidamente con ejemplos de aquí y de allá. No tiene caso alargar más la lista. Lo que sí podemos hacer es recuperar la idea que viene desde la antigüedad romana: "Errar es humano". Y tan humano como caminar erguido. El miedo al fracaso es el miedo a no aprender del fracaso. Es el miedo a no aprender.

Los animales no se equivocan jamás. Una abeja no tiene que tomar clases para construir una colmena ni un pájaro debe de ir a la escuela para aprender a volar, aparearse, alimentar a los suyos.

La araña está capacitada para tejer su tela, y lo hace conforme a un código inalterable. No duda de si estará bien hecha, ni se detiene a medio camino para mirar de reojo cómo lo está haciendo su competidora. Por ello podemos decir que el ser humano es el único capaz de encontrar la virtud de los errores que comete.

Siguiendo a Charles Pépin, las virtudes del fracaso tienen por lo menos diez elementos:

- Aprender del error
- Entender la crisis como una ventana que se abre

- Afirmar el carácter tras la caída
- Concebirlo como una lección de humildad
- Darse cuenta de lo que cuenta la realidad
- Poner en marcha el capítulo de la reinvención
- Visualizarlo como acto fallido o feliz accidente
- Comprender que fracasar no es ser un fracasado
- Ser capaz de atreverse, sabiendo los límites

¿Conoces el famoso discurso de Gettysburg es el más famoso discurso del presidente Abraham Lincoln? Fue pronunciado en la Dedicatoria del Cementerio Nacional de los Soldados en la ciudad de Gettysburg (Pensilvania) el 19 de noviembre de 1863, cuatro meses y medio después de la Batalla de Gettysburg durante la Guerra Civil Estadounidense.

En apenas 300 palabras, Lincoln enseñó a los estadounidenses y al mundo entero que de un enorme fracaso (toda guerra es un fracaso, y más una guerra entre hermanos y compatriotas, como ésta), se puede delinear el éxito de la nación, aprendiendo del error, viendo la crisis como una ventana de oportunidad, afirmando el carácter, siendo humildes, aceptando la realidad, reinventándose y atreviéndose a seguir adelante con las reglas de libertad que se dieron los Estados Unidos en 1776.

Esta es la versión completa de este maravilloso discurso:

Hace ochenta y siete años, nuestros padres hicieron nacer en este continente una nueva nación concebida en Libertad y consagrada al principio de que todas las personas son creadas iguales.
Ahora estamos envueltos en una gran guerra civil que pone a prueba si esta nación, o cualquier nación así concebida y así consagrada, puede perdurar en el tiempo. Estamos reunidos en un importante campo de batalla de esa guerra. Hemos venido a destinar una porción de dicho campo como lugar de último descanso para aquellos que dieron aquí sus vidas porque esta nación pudiera vivir. Es plenamente oportuno y apropiado que hagamos tal cosa.

Pero en un sentido más amplio, no podemos dedicar, no podemos consagrar, no podemos santificar este terreno. Los valientes hombres vivos y muertos que aquí lucharon, ya lo han consagrado muy por sobre lo que nuestras escasas facultades pueden añadir o restar. El mundo apenas notará o recordará por mucho tiempo lo que aquí se diga, pero jamás podrá olvidar lo que ellos hicieron en este sitio. Somos más bien nosotros, los vivos, quienes debemos dedicarnos a la tarea inconclusa que los que aquí lucharon hicieron avanzar tanto y tan noblemente.
Somos más bien los vivos quienes aquí debemos abocarnos a la gran tarea que aún resta ante nosotros: que de estos muertos a los que honramos, se extraiga un mayor fervor hacia la causa por la que ellos entregaron la mayor muestra de devoción.
Que resolvamos firmemente que estos muertos no dieron su vida en vano. Que esta nación, Dios mediante, tendrá un nuevo nacimiento de libertad. Y que el gobierno del pueblo, por el pueblo y para el pueblo, no desaparecerá de la faz de la Tierra.

Ya que hablamos de Abraham Lincoln, quizá sea este personaje el que mejor encarna lo que he tratado de decir a lo largo de estas páginas. Un hombre que fue de fracaso en fracaso hasta llegar a ser presidente de EE.UU. en 1860 (cuando tenía 51 años de edad). La lista es, verdaderamente, inspiradora. Muestra que el fracasado no existe cuando el fracaso es ocasión de un nuevo inicio. La acedia pudo haberlo asaltado una y mil veces; también el deseo de venganza y el egoísmo. No fue así. Una lección inolvidable:

EL ITINERARIO DE UN EXTRAORDINARIO ESTADISTA

7 años – Tuvo que empezar a trabajar para ayudar al sostenimiento de su familia después que tuvieron que abandonar su casa.
9 años – Su madre murió.
22 años – Fracasó en sus negocios.

23 años – Fue derrotado en las elecciones de Legislador. No pudo entrar a la Facultad de Derecho.
24 años – Se declaró en bancarrota y pasó 17 años pagando deudas a sus amigos.
25 años – Fue derrotado nuevamente en las elecciones de Legislador.
26 años – Cuando estaba a punto de casarse, su novia falleció y quedó con el corazón destrozado.
27 años – Tuvo una crisis nerviosa y pasó 6 meses en cama.
29 años – Fue derrotado en las elecciones para Representante del Estado.
31 años – No pudo formar parte del Colegio Electoral.
34 años – Derrotado en las Elecciones al Congreso.
37 años – Derrotado nuevamente en las Elecciones al Congreso.
39 años – Derrotado por tercera vez en las Elecciones al Congreso.
40 años – No fue aceptado para un trabajo como alto funcionario de su Estado.
45 años – Derrotado en las Elecciones para el Senado.
47 años – Derrotado en las Elecciones del Partido Republicano para candidato a Vicepresidente del País. (Obtuvo menos de 100 votos).
49 años – Derrotado nuevamente en las Elecciones para el Senado.
51 años – Abraham Lincoln es elegido presidente de Estados Unidos de América.

El lema que solía repetir Lincoln lo pinta de cuerpo entero, y también puede ser el colofón de estas líneas: "No le temas al fracaso, que no te hará más débil, sino más fuerte".

***

Espero sinceramente que este libro ayude a alguien a pasar de ser sobreviviente a ser un superviviente, eso le daría todo el sentido.

FIN

Con la colaboración de Jaime Septién.

Made in the USA
Columbia, SC
10 January 2024

30162521R00076